Encuentra tu voz

Cómo hablar en público
y que te escuchen

Mark Shayler

Este libro está dedicado a todo el Equipo Shayler: Nicola, Daisy, Max, Tilly, Moo, Juniper.

Encuentra tu equipo. Deja que sus voces se oigan. Juntos se nos oye más, juntos somos más fuertes, juntos somos uno.

© Ediciones Kōan, s.l., 2024
c/ Mar Tirrena, 5, 08912 Badalona
www.koanlibros.com • info@koanlibros.com

Título original: *Do Present*
© The Do Book Company 2020
Works in Progress Publishing Ltd

Texto e ilustraciones © Mark Shayler 2020
Fotografías © Christian Banfield 2020
Traducción © Eva Dallo 2023

ISBN: 978-84-18223-95-2 • Depósito legal: B-7796-2024
Diseño de cubierta: James Victore
Diseño del libro: Ratiotype
Maquetación: Cuqui Puig
Impresión y encuadernación: Liberdúplex
Impreso en España / *Printed in Spain*

1ª edición, mayo de 2024

CONTENIDO

Introducción 6

1. Todo tiene que ver contigo 13
2. Enseñanzas del mejor 24
3. ¿Cuál es tu causa? 37
4. Difunde ideas, expande mentes 47
5. Cómo contar historias 56
6. Tu público 67
7. La confianza en uno mismo 74
8. Técnica 87
9. Finalizar bien 99
10. Del escenario a la vida 105

Epílogo 115
Apéndice 119
Sobre el autor 122
Agradecimientos 124

INTRODUCCIÓN

¿Quién hubiera pensado que ponerse de pie delante de una audiencia para hacer una presentación se convertiría en una habilidad clave en el mundo de los negocios? Es, posiblemente, una de las tres habilidades más importantes que necesitas. A mí no se me hubiera ocurrido, desde luego. Estaba cursando alegremente mi carrera universitaria, especializándome en beber cerveza Newcastle Brown y bailar, cuando nos introdujeron un módulo de Técnicas de Presentación. Nos quedamos helados. Corría el año 1991 y mi trayectoria en el campo de las presentaciones no era muy buena.

Cuando estaba en la escuela primaria me ponía colorado cada vez que alguien decía «Mark». Eran los años setenta y había, como mínimo, tres Mark por clase. Mis compañeros me llamaban Sr. Tomate por lo rápido que me sonrojaba. Odiaba ser el centro de todas las miradas. A medida que fui creciendo, las cosas no mejoraron. Aunque me sentía realmente cómodo cuando era el foco de atención de un pequeño grupo de amigos, odiaba sentir las miradas, la expectación y la atención de grupos más grandes.

En sexto, la que entonces era mi novia creó un grupo de debate. Un chico sudafricano llamado Jamie se unió a él y pronto quedó claro que teníamos puntos de vista muy diferentes sobre el *apartheid*. Él lo defendía (quiero pensar que el tiempo le ha hecho cambiar de opinión). Yo estaba en contra. ¿Quién no? Ya antes habíamos debatido en clase y se mostró dispuesto a debatir esto. ¿Qué podía fallar? Tenía el argumento moral, social y económico bien fundamentado. Pero me acobardé. Dije que estaba demasiado ocupado. ¿Por qué? No porque temiera pasar por un aprieto o porque se demostrase que estaba equivocado. Sencillamente tenía miedo de hablar en público. Volviendo la vista atrás, me da vergüenza. Debería haber utilizado la argumentación ingeniosa, lógica y articulada para cambiar su forma de pensar.

Desde entonces he entrenado a cientos de personas acerca de cómo hacer presentaciones. Todos y cada uno de ellos han mejorado. La gran mayoría lo ha hecho de manera drástica. En mis talleres de presentación filmamos a los asistentes dos veces, al comenzar y al acabar el día. Cuando los grabamos al iniciar la jornada, les pido que hablen durante un minuto. Sin apuntes ni diapositivas. Les pido que me digan quiénes son, qué les gusta hacer y por qué se han inscrito en este taller. Casi todos están nerviosos. Casi todos dudan. Por eso participan en el taller.

Existe un patrón común. Las personas se presentan a sí mismas explicando cómo se ganan la vida, el cargo que ocupan. Volveré sobre esto más tarde, pero es algo casi universal. Esta es la peor parte de sus sesenta segundos. Son las palabras correctas, pero no siempre son humanas. Muchos echan mano del tipo de lenguaje que se valora (o que se espera, más bien) en su lugar de trabajo. A menudo se trata de palabras inventadas, muletillas para incrementar la autoestima y profesionalidad. En ocasiones da la sensación de que ni siquiera creen en sí mismos. Es entonces cuando suenan menos seguros, menos vivos. Tengo que añadir que esto sucede con el 60 % de los asistentes. El otro 40 % habla con entusiasmo y elocuencia de lo que hace.

Pero nosotros no somos lo que hacemos. Somos más que eso. Por eso les pido también que hablen de lo que les gusta hacer.

Es entonces cuando las personas cobran más vida, se relajan. Es como si no se sintieran juzgadas por lo que les gusta hacer. Su tono de voz se vuelve apasionado. Su lenguaje corporal cambia como lo hace, también, su aspecto físico. La diferencia es (por lo general) tangible. Y digo por lo general. Para algunos de ellos, su trabajo es su vida; en el caso de algunos pocos, la parte «personal» de sus sesenta segundos es la más incómoda. Pero la mayoría brilla. Cuando hablamos de las cosas que amamos, podemos hacerlo apasionadamente y con autoridad. Por eso incluyo esta parte.

En el tramo final explican por qué participan en este taller. Las respuestas varían. Algunos ya hablan bien y buscan un nuevo enfoque. La mayoría, sin embargo, están luchando con un demonio real, un ogro escondido en un rincón de su mente que les impide convertirse en la persona que saben que podrían llegar a ser. Mi trabajo consiste en sacar a ese ogro, en domesticarlo. No nacemos con él. Alguien lo puso ahí. Quizá fuimos nosotros mismos. Pero es lo que nos está impidiendo hablar de forma elocuente ante cientos de personas. Este libro echará al ogro. También te aportará herramientas, consejos y estructura para que puedas contar mejores historias.

Hace unos cuatro años, mi hija mayor se graduó en la Escuela de Arte y Diseño Central de Saint Martins. Asistimos a la ceremonia de fin de carrera y su proyecto fue sensacional. Se trataba de una exploración de la cocina como espacio donde las mujeres han compartido historias desde hace siglos, así como un análisis de dichas historias. Uno de sus compañeros, Kerry O'Connor, cerró las presentaciones con un proyecto que incluía elegir un papelito con un verso.

El foco me golpea.

Me llama.
Es tu hora.

   SUBE AL ESCENARIO.

El mío me gustó tanto que lo guardé. Está directamente relacionado con la presentación y el rendimiento. El foco de atención es mi escondite y me ha funcionado de maravilla. Creo que a ti también te podría funcionar.

Este libro es a la vez manual y guía de trabajo. Hojea, adelanta y retrocede con total libertad. A mí me encanta hojear; suelo empezar por el final, no sé muy bien por qué. Aun así, tiene una estructura y leerlo comenzando por el principio tiene sentido. Necesitarás algo para escribir, un poco de tiempo y una gran idea.

¿QUÉ SON LAS PRESENTACIONES? ¿Y DE DÓNDE SALEN?

A primera vista parece una pregunta tonta, pero no lo es en absoluto. Todos podemos hablar de manera apasionada y sincera. Tal vez solo en nuestro entorno familiar (esto no es una presentación). O con un grupo de amigos (esto no es una presentación). O con personas que acabamos de conocer en el bar (esto no es una presentación). O con nuestro equipo en el trabajo (esto no es una presentación..., ¿o sí?). ¿Y si es con todo el departamento o toda la compañía? ¿Es una presentación? Sí. Siempre y cuando estés de pie. Si estás sentado, no es una presentación. ¿Una fiesta en la oficina? Sí, es una presentación. ¿Una propuesta a un cliente? Sí, una presentación. ¿Proyectar los resultados a un cliente? Sí, es una presentación. Para que quede bien claro, en el caso de las dos últimas, si estás sentado, no es una presentación. ¿De qué estoy hablando? Bueno, es sencillo. ¿Cuando estás sentado sudas?, ¿estás preocupado? No. ¿Cuando estás sentado te sientes expuesto? No. Cuando estás sentado no es una presentación. Esa es la razón por la que muchos de nosotros elegimos «presentar» de esta manera, escondiéndonos tras palabras como *relajado* o *informal*, murmurando algo sobre «morir como consecuencia del PowerPoint». (PowerPoint y Keynote son hermosos. Te permiten dar forma a tus pensamientos. Pero solo si los usas bien.)

Una presentación es cuando proyectas ideas a un grupo de más de uno y lo haces de pie.

Pero eso ya lo sabías, ¿no es cierto? ¿Cómo ha llegado a convertirse en algo tan importante esto de las presentaciones? En la universidad creía que mi carrera consistiría en *tener* ideas, no en explicarlas. Bueno, lee la frase otra vez. Es lo mismo, y nuestra principal forma de comunicarnos ha pasado de ser la palabra escrita a la hablada. Ahora todo lo hacemos en forma de presentaciones. En este sentido, algunas cosas que cabe recordar son:

1. **¿Hace falta que lo «presentemos»** o podemos escribir informes hermosamente sencillos, sin frases de relleno ni palabrerío inútil? Parece que no. La calidad de la redacción de *briefings* e informes en presentaciones de ventas y documentos es bastante pobre. Demasiado pomposos. Demasiado extensos. Demasiadas tonterías de negocios. Esa es la razón por la que a menudo se usan presentaciones: para facilitar y agilizar las cosas. En todo lo que hagas, nunca olvides que:

LAS PALABRAS SON BELLAS, PROYECTAN IDEAS. MÁS PALABRAS NO SIGNIFICA MÁS BELLEZA.

2. **Presenta ideas, no información.** Si se trata de los resultados del tercer cuatrimestre, no hace falta que los presentes. Si es una estrategia de comunicación/crecimiento para el cuarto trimestre, sí.

3. **Si la idea no es tuya o no es buena, no la presentes.** O mejórala. Hablaremos de esto más tarde.

4. **Lo principal es la idea.** Pero una gran presentación la hace vibrar.

5. **Saber presentar no equivale a tener un gran ego.** Es saber presentar. No es alardear, es saber presentar. Es una habilidad que se puede aprender.

Una buena presentación requiere dos cosas: seguridad en uno mismo y confianza en las propias ideas. Hablaremos sobre esta última en el capítulo 7, pero la primera es un trabajo que nunca acaba. Este no es un libro de autoayuda, aunque se le parezca un poco. El obstáculo para que puedas llevar a cabo una gran presentación eres tú. Tú no puedes ser yo, y yo no puedo ser tú. Para algunas personas, subir a un escenario es perder el control. Yo considero que es justo al revés: es cuando más control puedes tener.

1
TODO TIENE QUE VER CONTIGO

¿Quién te robó la voz? ¿Quién fue?

Porque durante un tiempo la tuviste. Estaba ahí: en tu garganta, entre tus labios. Eras dueño de tu voz. Entonces alguien te la robó. Pudo ser un padre o una madre que hablaron por ti con la mejor de las intenciones; o alguien que, conocedor de que tenías algo genial que decir, quiso decirlo él mismo; quizá fue alguien a quien tu poder daba tanto miedo que decidió silenciarte de manera continuada (ay, qué común es esto, sobre todo con las mujeres); pudo ser un jefe o un colega que buscaban mantenerte a raya (ver el punto anterior; es lo mismo); pudiste haber sido tú. Sí, tú. Robando tu propia voz. Buscando la seguridad en la pequeñez. Pero no estamos hechos para ser pequeños. Estamos hechos para ser de nuestra propia talla.

Es fácil pensar que los grandes presentadores nacen, no se hacen; que se tiene o no se tiene el don. Pero no es así. Se puede enseñar ser buen presentador, y a los buenos presentadores se les puede enseñar a ser geniales. Aun así, es cierto que es más fácil para unos que para otros, y que algunos incluso lo disfrutan.

Aunque no abundan, a estas personas las reconoces en cuanto las ves. La mayoría de ellas son así en sus interacciones cotidianas. Tienen carisma. Otras, sin embargo, mantienen oculta esa parte de sí mismas. Como Eleanor Rigby, quien, como nos explicaron los Beatles, guardaba su cara en un frasco junto a la puerta.

El objetivo de este libro es sacar eso de ti, darte la seguridad necesaria para mostrar tu verdadera naturaleza. Cindy Lauper lo expresa mejor:

«I SEE YOUR TRUE COLOURS … SO DON'T BE AFRAID TO LET THEM SHOW»

Autores — Billy Steinberg y Tom Kelly

No estoy diciendo que te tengas que convertir en *showman*, todo brillo y nada de sustancia. Es más, esto tampoco es un alegato para sacar un personaje del armario y que te conviertas en quien no eres. Eso sería actuar. Es distinto.

Como ya he mencionado, la esencia para poder presentar con seguridad se divide en dos aspectos:

1. **Confianza en ti mismo**
2. **Confianza en tu idea**

Uno puede llegar a labrarse un camino en la vida, en el trabajo, en las relaciones, haciéndose pasar por quien no es. Pero ser uno mismo es más fácil, más rápido y más efectivo. Además, hacerlo a tiempo en lugar de esperar a la crisis de la mediana edad ahorra tiempo y dinero (la factura del terapeuta, los coches deportivos, ese tipo de cosas). No quiero pasar por frívolo. Soy sincero. Tengo cincuenta y un años. Ayudo a la gente a encontrar su propia voz. Ayudo a las empresas a innovar mejor. Trabajo con ellas el tema de la sostenibilidad. También hago algo de *coaching*. En todo ello compruebo que el 70 % de las personas con las que trabajo, con las que hablo, que se acercan a mí tras una presentación, no se aceptan a sí mismas de verdad. No es una crítica. Es crítico. ¿Cómo esperas gustar a los demás si no te gustas a ti mismo? ¿Cómo esperas que otros te escuchen si tú no te escuchas primero? Acompáñame. Puede que todo esto te suene un poco hippie y cursi. Pero es importante y funciona. Las consecuencias están a la vista. Veo a aquellos que se sienten perdidos más tarde en la vida porque no han resuelto estas cuestiones antes. Esto no solo trata de presentaciones. Trata de la vida. Entender quién eres y qué eres es realmente importante. Importa cómo te presentas en el escenario, en la reunión, en el trabajo, en la vida. Es fácil adoptar la apariencia de otra persona, el uniforme de la persona que queremos ser.

Yo no puedo ser tú y tú no puedes ser yo.

Esa ropa no es la tuya. Si te la pones, en el mejor de los casos irás demasiado arreglado, y en el peor, disfrazado. Doy clases en la universidad. Lo hago gratis o casi porque para mí es muy importante mantenerme inspirado por y conectado con personas que no piensan como yo. El problema es que, si bien los estudiantes a los que doy clases son muy inteligentes, cada vez piensan de manera más uniforme. Son el producto de una sociedad que penaliza a los que destacan.

También trabajo con algunas de las empresas más innovadoras del planeta. Cuando los estudiantes comienzan a buscar trabajo, cuando piensan en devolver el crédito que pidieron para estudiar (¿qué hemos hecho a la gente joven?) y en conseguir un empleo, se desprenden aún más de su individualidad. Se cortan el pelo, se meten con calzador (tanto metafórica como literalmente) en ropa de «trabajo» y salen a buscarlo. Los negocios con los que estoy vinculado van en la dirección contraria y buscan algo diferente, pero todo lo que ven son clones. Se cruzan y ni se ven. No estoy diciendo que todo el mundo vaya a aceptar los tatuajes faciales. No niego que esas grandes empresas intentan modelar a los jóvenes según su forma de pensar. Lo que quiero decir es que lo que más necesitan las empresas (e, indudablemente, el planeta) es creatividad. Y, sin embargo, la mayor parte de nuestros sistemas educativos están basados en la uniformidad, la obediencia, la represión de la autoexpresión y en la reducción de la capacidad de juego. No es de extrañar que ocultemos quiénes somos realmente.

Aquí tienes mi pequeña línea temporal sobre el permiso que nos damos para ser nosotros mismos, usar nuestra propia voz y autoexpresarnos. El gráfico no es muy bueno. Alguien me dijo una vez que yo no era muy creativo y dejé de dibujar por veinte años. Desde entonces, insisto en hacer todos los garabatos de mis libros, sean basura o no.

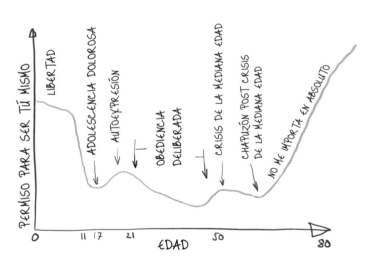

ETAPA UNO: DEL NACIMIENTO A LOS 11
LIBERTAD

El pico de libertad transcurre desde el nacimiento hasta los cinco años. En preescolar eres salvaje. Todo el mundo te quiere y tus excentricidades no solo se toleran, sino que se incentivan de manera activa. Este período se extiende hasta los once años, pero en cuanto empiezas el cole, tus excentricidades comienzan a llamar la atención. Más aún, tus padres pasan tiempo con otros padres y empezarán a moldearte, a frenarte un poquito. Es por miedo. Miedo a que se metan contigo, miedo a que, si no te dicen algo, lo haga otra persona. Así, te frenan un poco porque te quieren proteger. Quieren reducir el riesgo de que se rían de ti. Es en este momento cuando las personas comienzan a perder su voz. Puede ser como consecuencia de una madre, un padre o un hermano que «hablan» por ti. Quizá no llegabas «a tiempo» para tomar la palabra, así que lo hacían en tu lugar. Esto tiene que ver con su sentido del ridículo, no con el tuyo, pero es contagioso. Quizá alguien tiene una voz más fuerte que la tuya, sus opiniones parecen, por pura contundencia, más convincentes que las tuyas. De nuevo, lo más probable es que se deba a que en casa tienen que «competir» por un espacio en las ondas. Sea cual sea la razón, a estas alturas, la confianza en la propia voz puede estar ya mermada. En este sentido, el tipo de sistema educativo que tenemos es importante. A las personas educadas en Finlandia, por ejemplo, se las incentiva a que sean antes que nada individuos, a que se expresen y jueguen más que en otros sistemas.

ETAPA DOS: DE LOS 11 A LOS 17
DOLOROSA ADOLESCENCIA

Aquí la cosa se pone interesante. Claramente, no a todo el mundo le han cortado las alas en esta etapa. Algunas personas la atraviesan indemnes. Pero este es un período complicado para casi todos nosotros. El momento en el que más dan que hablar las diferencias. Cuando tantos de nosotros perdemos la voz. Cuando dejé de hacer teatro, cuando muchos de mis amigos dejaron de cantar, cuando el comportamiento que no se ajusta a la norma se hace más visible. Es en este momento cuando comenzamos a intentar encajar. Sé lo que estás pensando ahora, ¿qué hay de los niños raros? (me encantan los niños raros). Bueno, como todas las tribus, ellos encuentran la suya y crean nuevas reglas para encajar. Juntos son diferentes. No es algo malo. Prefiero ser como mis amigos aun siendo diferente a los demás, que ser igual que todos los demás. Destacar requiere seguridad en uno mismo, pero es esencial para la autoexpresión. Por favor, no pienses que me refiero únicamente al aspecto. Puedes vestirte «normal» y pensar de manera diferente.

Tara Lemméy, una emprendedora estadounidense experta en tecnología, diseñadora y buena amiga mía, que ha trabajado con todos los gigantes tecnológicos (sí, con todos, incluso los que ya no existen), acuñó la siguiente frase:

«DESVÍATE SIEMPRE DOS GRADOS DE LA NORMA.»

Me encanta. Primero, porque me fascinaban las matemáticas (no la aritmética, eso es diferente). Amaba la belleza de los patrones que se repetían, de la falta de patrones, de los números de Fibonacci resonando en la ciencia y el arte a través de los siglos. En segundo lugar, siempre me he sentido así. Desviado justo dos grados de la norma. Lo he buscado. La frase tiene su origen en Frank Zappa, que dijo:

«SIN DESVIARSE DE LA NORMA, EL PROGRESO ES IMPOSIBLE.»

Indudablemente cierto. Pero si te alejas demasiado, pierdes a tu público, e incluso a tus amigos.

UN FRENESÍ DE AUTOEXPRESIÓN

Para muchos, estos son los años de la universidad o de viajar por el mundo. Para otros, los de empezar a trabajar. Sea como sea, hay espacio para el juego. Algo que sucede, en parte, gracias a una socialización extrema. Socializamos más (generalmente en búsqueda de pareja) y, como resultado, nos vemos expuestos a diferentes puntos de vista, diferentes estilos, más grupos. Esto, a su vez, incentiva la confianza en la expresión de uno mismo. Algunas personas entran en esta etapa un poco antes (a los quince o dieciséis) y otras puede que solo la experimenten durante uno o dos meses. La universidad o una ciudad repleta de diversidad proporcionan sin duda más espacio para el juego, una mayor paleta de colores que utilizar, una consola de sonidos más grande para hacer mezclas, un mercado más grande de los que tomar ingredientes. Ves a qué me refiero. Es a esta edad cuando normalmente florece la expresión y la voz de uno mismo. Bien hecho, de verdad, pues lo que viene después es malo.

OBEDIENCIA DELIBERADA

Nuestros cerebros alcanzan su punto de rendimiento máximo alrededor de los veintidós años y esto dura solo medio decenio.* Es en este momento cuando, o bien nos incorporamos al mercado laboral, o bien empezamos a pensar en ello seriamente. También es el momento en el que sacrificamos voluntariamente una parte de nosotros mismos. En realidad, depende de dónde estemos trabajando, pero lo más habitual

---

* New Scientist: www.newscientist.com/round-up/five-ages-of-the-brain

TODO TIENE QUE VER CONTIGO

es que nos encontremos en una empresa que ya ha pasado por las fases de desarrollo empresarial o crecimiento de una *start-up*, y cuenta con una cultura intrínseca. Se trata de una cultura común a las empresas, con un lenguaje absolutamente incomprensible que solo sirve para reforzar el ego corporativo del personal de la organización. Abundan palabras y frases como *robusto*, *tracción*, *avanzar* y *desde el momento uno*. Hablamos en clave. Incluso existen «reglas» para vestir y para lo que se considera o no apropiado. Con treinta años empecé a trabajar en una cadena de supermercados británica como gerente de Medio Ambiente. Era 1999, y yo no encajaba a muchos niveles. De hecho, me resistía a ello. No es de extrañar que renunciase en poco más de un año.

Las empresas nos moldean. Las peores —¡vaya sorpresa!— nos moldean de la peor manera. La empresa que he mencionado no era mala, pero estaba repleta de malos «líderes», que crean una cultura bastante similar a la del patio de colegio. Intentan modelar el comportamiento y la autoexpresión, creyendo de forma equivocada que están creando cultura. La cultura no se impone por la fuerza. Lo único que podemos hacer es dar ejemplo y otorgar permiso. La cultura crece. Aquí entra en juego el miedo: miedo de tus superiores a que rindas más y mejor que ellos; miedo a que ser diferente sea demasiado arriesgado; miedo a que puedas tener razón.

Puede que hayas tenido la suerte de no haber estado expuesto a este tipo de cultura empresarial (algo que no es exclusivo de las grandes empresas, por cierto), pero muchas personas lo están y es así como acabamos olvidando quiénes somos. No es que nos volvamos nadie; es que nos hemos convertido en un personaje. No en una versión más grande de nosotros mismos, pero tampoco en nosotros mismos. Esto es peligroso. Durante este período puedes convertirte en un gran presentador, pero ¿eres tú mismo o eres como quieres ser visto?

Veo gente al otro lado de este túnel, cuando se deshacen de los corsés empresariales (hago *coaching* para ejecutivos), y muchos realmente no saben quiénes son ni en qué creen. Este período es largo y puede hacer que tu identidad desaparezca por completo. Aquellos que sobreviven indemnes lo consiguen manteniendo un fuerte sentimiento del yo, aun cuando se adaptan al negocio. En este sentido, el secreto es tener la suerte de contar con un líder que deje espacio para el juego, que ofrezca un lugar seguro en el que expresarse y que no se sienta amenazado por la diferencia. Estos líderes existen. Asegúrate de devolver el favor.

ETAPA CINCO: DESDE FINALES DE LOS 40 A PRINCIPIOS DE LOS 50
EL CONTRAATAQUE DE LA MEDIANA EDAD

Esta fase de la vida está bien definida. Puede que llegue un poco antes o algo después. Pero tiene muy poco que ver con el trabajo y mucho con el valor de las cosas. Aunque habitualmente se considera un fenómeno masculino, es un fenómeno más amplio. El estereotipo, en el caso de los hombres, son los coches deportivos, las aventuras extramatrimoniales y pantalones ceñidos aunque no te favorezcan. Representan intentos de encontrar algo de significado en la vida, de reconectar con la identidad que una vez tuviste. Puede que te pongas a escuchar música punk o a ver vídeos de rock alternativo en bucle. Puede, incluso, que escuches Abba de nuevo. Volverás a buscar cualquier cosa con la que un día te identificaste. No pasa nada. Es sano (las aventuras extramatrimoniales y los coches deportivos, no tanto; prueba con el yoga en su lugar). Llegar a saber quién eres es realmente importante y te preparará para realizar parte del que será tu mejor trabajo. Pero lo más sencillo sería no llegar a perder la propia esencia nunca.

Acepta tu crisis de la mediana edad tal y como es, una oportunidad de refrescar y volver a definir las cosas en las que crees. Úsala para deshacerte de lo que no es importante, para depurarte a ti mismo hasta lo esencial, para dejar de venerar a aquellos que no lo merecen y estar satisfecho con quien tú eres. No es una crisis de la mediana edad, es una oportunidad para recalibrar. Úsala, siéntete orgulloso, alégrate por ello.

Si has caído en la cuenta de que has transitado por caminos equivocados durante demasiado tiempo, no te preocupes. Siempre puedes elegir otro camino. Nunca es demasiado tarde.

Tal y como escribió Bill Callahan en la canción «I'm New Here»:

«NO IMPORTA LO LEJOS QUE HAYAS LLEGADO POR EL CAMINO EQUIVOCADO, SIEMPRE PUEDES DARTE LA VUELTA.»

ETAPA SEIS: DE MEDIADOS DE LOS 50 HASTA LOS 60/JUBILACIÓN
CHAPUZÓN POST CRISIS DE LA MEDIANA EDAD

De acuerdo, te lo has pasado bien durante tu crisis de la mediana edad. Ahora es el momento de comportarse de manera más adulta. Pero ¿qué dices? No, mantente joven, pregunta cosas tontas, sé diferente. Muchas personas que alcanzan esta etapa piensan que son mayores, que ya se ha acabado. Solo esperan la jubilación. No seas tú esa persona.

Puede que tengas una pensión lo suficientemente buena como para vivir el resto de tu vida, pero ¿has tenido un impacto que te permita no hacer nada más hasta que mueras?

No todos pasamos por esta fase. Sin embargo, con frecuencia el miedo a perder el trabajo y lo complicado de encontrar otro a partir de los cincuenta pesan tanto que nos convertimos en un prudente par de manos y en unos prudentes labios sellados. En este punto las cosas van en una de estas dos direcciones: o se acaba por refrenar la expresión de uno mismo y la propia voz, o se pasa a la siguiente fase de manera temprana. Yo abogo totalmente por esto último.

ETAPA SIETE:
A PARTIR DE LOS 60/JUBILACIÓN HASTA EL FINAL
ME IMPORTA TODO UN BLEDO

Y aquí estamos. Hemos cerrado el círculo. Así es la vida. Elton John y la canción de *El rey León*. Hemos vuelto a donde empezamos, a lo de ser nosotros mismos de verdad. Las reflexiones de la edad avanzada aportan grandes enseñanzas. A estas alturas no tienes nada que perder y puedes dar voz a tus opiniones, desnudar tu alma, ser totalmente honesto, sin miedo. Mi consejo: llega aquí antes de tiempo. No tanto a lo de quejarse de la salud y de los *millennials* (lo sé, lo sé, no toda la gente mayor lo hace), como a la parte zen.

Entonces, ¿cómo conseguimos ser nosotros mismos durante más tiempo? En el capítulo de la confianza en uno mismo hablaremos de ello. Aprenderás cómo creer en ti mismo y confiar en tu propia voz. Lo más importante es recordar que:

TUS PALABRAS IMPORTAN, SE TIENEN QUE HACER OÍR.

2
ENSEÑANZAS DEL MEJOR

Cuando has visto una gran presentación lo sabes. Te hace sentir o pensar sobre algo de una manera diferente. Permanece contigo después de haber terminado. Piénsalo: ¿qué hace que una presentación sea excelente? ¿Cuáles son los elementos fundamentales de una gran charla?

Cuando lo pregunto en mis talleres, obtengo diferentes respuestas:
— Tiene gancho
— Muchas historias
— Confianza en uno mismo
— Carisma
— Estilo relajado
— Estructura

Sí, es todo esto, entre otros ingredientes. Pero necesitas dominar más de una de estas cosas. Las necesitas todas. Hay un vídeo breve muy bueno de Pat Kelly, una excelente parodia, que expone todos los clichés de una charla TED. Es muy divertida y acertada. Cuando lo vi por primera vez pensé: «Mierda, me han descubierto». El vídeo es brillante porque te hace reír. Te hace reír porque es cierto. Las técnicas que parodia *funcionan*. Por eso las parodia, y muy bien, además.

Reír ligeramente cuando cuentas una historia divertida funciona. Indica al público que ese pasaje no va tan en serio, que no pasa nada si, en ese punto, sonríen y lanzan una carcajada. Ralentizar, hablar bajito, indica que esa parte de la charla es más seria, incluso triste, quizá. Yo cuento una historia sobre la República Democrática del Congo y el daño que todos llevamos en nuestros bolsillos, en forma de condensadores de tantalio en el teléfono móvil. Desacelero. Hablo deliberadamente. Te hago pensar en las implicaciones de cambiar de móvil antes de tiempo. Hago llorar a la gente. Las señales son una gran parte de todo esto. Así que, más que pensar que me habían descubierto, me di cuenta de que el genial vídeo de Pat Kelly es una reivindicación de las técnicas que utilizo. Se puede aprender mucho de una parodia.

> Este libro va acompañado de una web donde he recopilado todas las charlas a las que hago referencia, de manera que no tengas que gastar tiempo buscándolas *online*. La charla de Pat Kelly de la que hablo más arriba y muchas otras igual de buenas las puedes ver en: **dopresent. co.uk/talks**

Creo firmemente en ser orgánico, en dejar que las cosas fluyan. Pero organizo mis charlas a conciencia. Todo está ahí por una razón. Uno de mis grandes descubrimientos en relación con mis propias presentaciones fue darme cuenta de que, aunque en ellas podía hacer cualquier cosa, no era necesario hacerlo *todo*.

Me sucedió tras un evento en Atenas. Era una de mis primeras presentaciones remuneradas. Inauguraba un evento hablando sobre modelos disruptivos de negocio (no los antiguos clichés). No cobré mucho por la charla. Al día siguiente, además, iba a realizar un taller. Es cierto, quizá no fue la mejor tarifa teniendo en cuenta los tres días que iba a pasar allí más el día de preparación, pero me hacía feliz que me pagaran por hacer lo que más me gustaba, así que no iba a quejarme. En cualquier caso, me tocaba salir primero. Había preparado una serie de diapositivas acorde con las necesidades del público, los había llevado un 10 % más allá de lo que esperaban, incluso había incluido contenido de las noticias griegas de esa misma mañana. Cuando, al acabar, tomé asiento, me sentía bastante satisfecho conmigo mismo. La gente estaba haciendo comentarios positivos en las redes sociales (siempre es buena señal, pero no la prueba definitiva).

El segundo ponente del día era un muchacho llamado Magnus Lindqvist, y fue genial. Realizó una presentación estructurada, sorprendente, graciosa y animada. Se llevó a la audiencia de viaje con todas sus historias. La mejor presentación que había visto nunca. Durante el descanso volví a mi habitación. Mi mujer me llamó por teléfono y me preguntó qué tal había ido. Le dije que había sido genial, pero que ese día había aprendido más de lo que había enseñado. Le hablé de Magnus y de que estaba a otro nivel. Si ese era el listón de las charlas profesionales, yo me quedaba muy corto. Después me llegó un texto. Decía: «Oye, Mark, me ha encantado tu charla, ¿nos tomamos un café? Magnus». Terminé la llamada y me apresuré a encontrarme con él. Magnus es una de las personas más amables que puedes conocer y fue muy honesto conmigo. Me dijo que mi charla había sido genial, pero —dado que sabía cuánto había cobrado— que había facturado demasiado poco. Mientras a mí me tocaba impartir una segunda sesión, él se marchó en el siguiente vuelo. No fue un alarde. Fue un consejo. Me dijo que quería ayudarme a mejorar mi desempeño. No diré que fue un mentor riguroso, de hecho, no lo fue en ningún sentido. Nos vimos una vez más para tomar una cerveza. Nunca me ayudó de manera práctica..., pero me ayudó. Aquello que me dijo me aportó el apoyo y la confianza que necesitaba para seguir mejorando y para aumentar mi tarifa. Durante su presentación aprendí más de lo que creía posible sobre estructura y cómo hacer las cosas. Así que, gracias, Magnus, me ayudaste más de lo que crees.

¿Cuáles son, entonces, las cosas que aprendí ese día?

— **Humor.** Ser divertido ayuda a caer bien. Una vez que lo consigues, estarán más dispuestos a dejarse llevar.

— **Música/audiovisuales.** Si bien tu charla no debería ser una recolección de vídeos de otras personas, puedes usar este tipo de recursos para construir una historia y hacer que se entienda tu argumento.

— **Modestia.** Ser bueno en algo, incluso excelente, tiene que ir acompañado de modestia. Es importante ser humano, y mostrarlo en el escenario. Un poco de vulnerabilidad nos puede llevar muy lejos.

— **Estructura.** Las mejores charlas son estructuradas, aunque parezca lo contrario.

— **Ayudar a los demás.** A Magnus no le hacía ninguna falta pedir a los organizadores mi número de teléfono y escribirme. Y mucho menos, pasar una hora hablando conmigo después.

ENSEÑANZAS DE OTROS CONFERENCIANTES

LA ENERGÍA ES BUENA: GAVIN STRANGE

Gavin es una fuente de energía. Es muy entretenido. Superviaz. Rompe todas las reglas. Sospecho que siempre lo ha hecho. La mayoría de los *coaches* de presentaciones recomiendan no correr por el escenario. Pero, en el caso de Gavin, funciona y es perfecto. Sobre el escenario es él mismo al 100 %. No necesitas restringirte, sino ir un poco más allá de tu zona segura.

LAS HISTORIAS SON PODEROSAS: SEAN CARASSO

Sean Carasso es un conferenciante dulce. Una vez contó una historia con una agradable cadencia. La historia de su vida. Nos habló de los momentos duros y de los éxitos. He ahí una gran historia. Pero entonces explicó que, durante una época de su vida en la que normalmente la gente se va de fiesta, él montó una ONG. Nos contó la historia de por qué lo hizo en las Do Lectures, y nadie pudo reprimir las lágrimas. Su manera de narrar historias, su pasión y su controlada forma de hacerlas llegar eran prácticamente una clase magistral.

LOS HÉROES NO SIEMPRE LLEVAN CAPA: MAGGIE DOYNE

Con diecisiete años, Maggie lo dejó todo para levantar un orfanato muy lejos de Estados Unidos, su tierra natal. Lo hizo sin conocimientos ni dinero. La suya era una historia sorprendente. Era una historia sin pretensiones y así es como la explicaba. Es, probablemente, la Do Lecture más vista de los últimos doce años.

LA HUMILDAD ES IMPORTANTE: MICKEY SMITH

Mickey es surfista, director de cine, músico, y de Cornualles. Su amor por el mar y por su tierra trasluce en la que ha sido una de las más humildes charlas Do Lectures hasta el momento. En 2009 fue el último ponente, lo cual no es nada fácil. Has asistido a unas veinte intervenciones brillantes y te dan ganas de cambiar la tuya. Mickey no lo hizo: mantuvo su sencillez y enunció frases que me persiguen hasta el día de hoy. Y al final lanzó una bomba que puso de pie a la audiencia.

APRÓPIATE DE TU VOZ: HOLLEY MURCHISON

Tu pasado te prepara para tu propósito. Holley realizó una espectacular presentación en las Do Lectures de 2016. Habló de amor, de cómo lo que vivimos nos hace más fuertes y de la fuerza para encontrar y reapropiarse de la propia voz. La historia de Holley está impregnada de verdad y honestidad, pero lo que más llega es el hecho de que su voz importa; de que todas nuestras voces importan, sobre todo las de aquellos cuyas voces normalmente no se escuchan.

LA HISTORIA PUEDE CON LA TÉCNICA: STEVE EDGE

Steve es vistoso. Todo un *showman*. Su charla de 2010 había generado mucha expectación. Y no decepcionó. Contó una historia compuesta de mini historias. No os revelaré demasiado, pues la veremos en este libro con más detalle. Aquí lo que es importante mencionar es que si bien se trabó con algunas palabras y con la estructura (errores que harían descarrilar a la mayoría de los ponentes), lo cierto es que no importó en absoluto. Sus historias y sus temáticas eran más importantes que su técnica. Y su técnica era 100 % Steve Edge. Aunque lo intentara, no podría ser nadie más.

LOS OCHO ERRORES MÁS HABITUALES

Dar con una fórmula para hablar con gran estilo es difícil, pues depende totalmente del tipo de la persona que eres. Identificar y entender los errores más comunes es más fácil. He aquí los ocho errores más comunes que percibo.

1. LA PRESENTACIÓN DE VENTAS

No me digas que eres divertido, hazme reír.

No sé quién lo dijo por primera vez, pero me encanta y lo uso constantemente. Creo que todos hemos aguantado charlas en las que el ponente nos recuerda todo el rato cómo comprar los productos de su empresa, el abanico de servicios que ofrecen y lo buenos que son. Es penoso e innecesario. No me digas lo bueno que eres, *muéstramelo*. Si tu trabajo es fenomenal, si transmites humanidad, si eres capaz de inspirar al público y les convences de lo bueno que eres, así es como conseguirás la mejor presentación de ventas. Nuestra forma de comprar está cambiando. La forma en la que nos vendemos está cambiando. Presentar es marketing y, como tal, ha pasado por las mismas tres revoluciones que este. Mark Schaefer es quien mejor lo ha definido:

Revolución uno: el fin de la mentira. Los médicos no recomiendan los cigarrillos para aliviar la garganta. Hace décadas que mentir sobre tu producto o servicio y sus beneficios ya no sirve. Pero, aun así, todavía lo vemos y lo oímos todo el tiempo.

Revolución dos: se acabó el ocultarse. Ya no te puedes esconder. VW lo descubrió a su propia costa. Ahora lo podemos ver todo. Una historia con brillos no servirá para ocultar que no pagas el salario mínimo, o que tus beneficios son excesivos, o que tu selección de personal y prácticas de marketing no promueven la diversidad. Ahora todo está expuesto.

Revolución tres: el final del control. Tu marca no es lo que *tú* afirmas que es, es lo que *nosotros* afirmamos que es. La mitad de tus mensajes están fuera de tu control.

Los he simplificado considerablemente. *Marketing Rebellion,* de Schaefer, es muy recomendable.

2. DISPERSO

Para mí esto es todo un desafío. Me encanta irme por la tangente. Pero lo que he aprendido es que las tangentes hay que curvarlas (aunque la definición nos diga lo contrario). Tienes que lograr que vuelvan para respaldar tu argumento. Hago ver que me estoy yendo por la tangente, cuando sé perfectamente que no lo hago. Esto funciona de manera brillante cuando vuelves a unirlo todo. Hace que la charla parezca cuidadosamente pensada sin esfuerzo aparente. Una vez utilicé esta táctica en una charla en la universidad. Me fui por lo que parecía la tangente sobre los Stone Roses y el organizador me dijo: «¿Puedes ceñirte a la Economía Circular?». Pero la tangente no era una tangente. Respaldaba de manera perfecta el argumento principal, solo que no había avisado al organizador de que me iría un poco por las ramas. Normalmente no lo hago. La gente simplemente confía en mí. De todas formas, si quieres utilizar este estilo, sería mejor que avisaras al organizador con antelación.

Lo que es un error es irse por las ramas de manera no intencionada. Sin objetivo ni función. De hecho, es una respuesta a los nervios y la falta de estructura. Incluso de los dos. Cuando nos preocupa hacer el ridículo en el escenario o que nos llamen la atención por lo que decimos, una de las reacciones es decir aún más. Llenar cada segundo con palabras, seguir adelante para no ser detenidos y para que no puedan ponernos en entredicho. Volviendo a lo que mencionaba en la introducción: las palabras son bonitas, pero más palabras no son más bonitas.

3. MIRANDO LA PANTALLA

Esto es importante. Puede destrozar una charla. Es tan malo como dar una charla leyéndola en voz alta, porque eso es lo que es. Las diapositivas son fantásticas. Las fotos son fantásticas. Las palabras en pantalla quedan bien (volveremos a hablar de esto más adelante). Pero no son tus apuntes. No se trata de leerlas. Se trata de hablar en torno a ellas. Todas las personas del público saben leer. No hace falta que leas por ellas. Aunque tengas un lado mejor en términos de fotogenia, estoy 100 % seguro de que no es la parte trasera de tu cabeza (a menos que lleves un corte de pelo impresionante). No conseguirás inspirar respeto si lo único que muestras es tu espalda. Mira a tu público, es una cuestión de educación.

Piensa en tu voz. Quizá tengas un micrófono, pero si no lo tienes, le estás hablando a una pantalla. El público recibe tu voz rebotada desde una pantalla. Así que colócate en el centro, habla al público. Si no te sabes bien el contenido, si tienes que leerlo, no des la charla.

Recuerda: puede que tengas un buen trasero, pero no todo el mundo quiere verlo.

4. DESVALORIZACIÓN

Lo contrario de tener ego no es desvalorizarse a uno mismo. Ser demasiado autocrítico no sirve para nada. Tienes que ser humilde, sin duda, pero no te menosprecies. Contar un chiste sobre uno mismo es un clásico de las introducciones. Pero con eso basta. No hace falta que sigas.

La clave del espíritu autocrítico es que con un poquito llegamos muy lejos.

5. NOCHE DE COMEDIA

Caí en esta trampa. Es muy tentadora. Es cómodo y hace que gustes a la gente, pero no te ayuda a construir autoridad. Por favor, por favor, usa el humor. Te lo recomiendo de todo corazón. Ser capaz de hacer reír a la gente es un regalo y ayuda a contar muchas historias. Recuerda tan solo que no eres un cómico (a no ser que lo seas) y que esto no es una noche de comedia (a no ser que lo sea). Yo soy más gracioso que la media. Y ya está. No soy un cómico. Pero caí en la trampa. Cuando has hecho reír al público una vez, cuando sientes que la risa vuelve, te das cuenta de que es adictivo. Está bien. Sigue con ello. Pero no olvides por qué estás ahí: para dar difusión a una idea. El humor ayuda, pero sin una idea detrás, el humor solo es divertido. Úsalo para hacer mejor tu trabajo.

Me solía equivocar con el resultado de mis charlas. Siempre era bien recibido (salvo en dos ocasiones, aunque lo contaré más adelante), pero me centraba en lo divertido que resultaba, en si caía bien a la gente. No en el impacto de mi charla o en qué medida había logrado transformar su negocio. Ten cuidado. El humor ayuda mucho, pero no olvides lo principal.

6. LEER EN VOZ ALTA

Estás un poco nervioso, así que escribes tu charla palabra por palabra, un guion, «por si acaso». No tienes intención de usarlo, es solo por seguridad. No lo hagas. He aquí una historia:

Al comenzar mi carrera —me encanta la naturaleza contradictoria de la palabra *carrera*, que significa tanto un plan de trabajo para toda la vida como estar fuera de control— me encargué de redactar una publicación para el Club Excursionista de Ciclismo. Llevó como título *Calculando los beneficios* y cuantificaba los beneficios económicos del ciclismo en el Reino Unido. Se trataba de una investigación innovadora. Ciertamente algo especializada. Esto fue en 1992-1993. Nadie había hecho este trabajo antes. La publicación se vendió bien. Después, el propio club me pidió que hablara en su conferencia anual en Leicester, mi ciudad natal. Era mi primera conferencia y estaba muy nervioso, pero dije que sí. Me había encargado de toda la investigación. Iba a hablar a un grupo de locos por el ciclismo. ¿Qué podía fallar?

Diseñé unas bonitas transparencias para el proyector (¿os acordáis?) y escribí mi charla «por si acaso». Entera. No pensaba leerla. Solo por seguridad. El conferenciante que me precedió estuvo genial. Fluido, con gancho, divertido. Era profesor y sabía cómo mantener al público en vilo. Diablos. Me levanté, coloqué mis transparencias en el proyector. Miré a las aproximadamente 700 personas del público. Entonces busqué mi guion. Levanté la mirada. Me acobardé. Y lo leí en voz alta. Aunque todo el mundo fue encantador conmigo después, yo me quedé ligeramente descompuesto y totalmente avergonzado. Me escabullí, me fui a casa e intenté olvidarlo. No obstante, unas semanas después, un buen amigo y su novia vinieron a casa a cenar. Al entrar, la novia de mi amigo llevaba consigo un ejemplar de la revista del Club Excursionista de Ciclismo. «¡Apareces en la revista!», exclamó. «Oh, joder», pensé. «Sí —añadió—, y dicen que Mark Shayler realizó una lectura exhaustiva de su nueva publicación.» «Oh, joder», pensé (de nuevo). No quiero ser famoso por leer de manera exhaustiva. Así que nunca más lo hice. Y mis disculpas al Club Excursionista de Ciclismo.

Las notas están bien, los guiones son peligrosos.

7. MOTIVACIÓN INTENCIONADA

Que te llamen conferenciante motivacional puede ser una maldición. La gente lo dice con amabilidad y buena intención y, mientras no te lo tomes demasiado en serio, ni te tomes a ti mismo demasiado en serio, todo irá bien. Pero en cuanto empiezas a pensar en la motivación como lo principal, comienza tu cuesta abajo. Ser considerado motivacional —peor aún, inspiracional— es un halago, por supuesto. El peligro reside en creérselo. Una vez, para regocijo de mi mujer, me describieron de esta manera. Cuando llegó el momento de poner a los niños a dormir esa noche, dijo: «Papá os va a contar un cuento esta noche, y seguro que será inspirador».

He conocido a muchas personas descritas como conferenciantes motivacionales. Algunos lo eran de verdad, tanto en el escenario como fuera de él. Simon Sinek, por ejemplo. Otros, no tanto. Recuerdo uno que simplemente tenía una serie de imágenes de archivo con frases motivacionales. Una imagen de una silla con un clip en el medio, por ejemplo, sobre la que había escrito: «Eres tan fuerte como tu eslabón más débil». Aunque sea verdad, repetir clichés no es motivacional. Contar tu historia, una historia que ilumina corazones y almas, eso es motivacional. Cuenta tu historia, destaca tu idea, levanta los ánimos, pero hazlo con un trasfondo real.

No digas que eres inspiracional, di cosas que inspiren.

8. TU CREENCIA LIMITANTE

En mis talleres lanzo una pregunta en la que la gente se queda pensando todo el día, que se llevan consigo y en la que siguen pensando un poco más, y a la que vuelven una y otra vez. Semanas y meses después de los talleres recibo *emails* al respecto. ¿Cuál es?

¿QUIÉN TE ROBÓ LA VOZ?

En primer lugar, las creencias limitantes son normales. Todos las tenemos. Consisten en creer que somos de una determinada manera, que solo podemos ser de esa manera; o que no conseguiremos determinada cosa, o que no merecemos determinada cosa. Podría ser algo tan simple como «soy diseñadora, no me dedico a los negocios», o al revés. O podría ser más trascendental.

Tu creencia limitante puede ser heredada. Puede que el dinero o el reconocimiento te den miedo porque uno de tus progenitores también los temía. O las arañas, o las alturas. O quizá creas que tu voz no merece ser escuchada simplemente porque a uno de tus padres también le pasó. Me atrevería a decir que, en estos momentos, alguno de vosotros está viviendo una revelación. Entra dentro de lo posible, pero recuerda que echar la culpa a los padres tiene fecha de caducidad. Una vez alcanzada la edad adulta, eres tú quien tiene que hacer el trabajo. Si no lo haces, es posible que esas limitaciones se queden contigo para siempre.

Las creencias limitantes no te ayudan; es hora de deshacerte de ellas. Ojalá que al acabar este libro ya hayas comenzado.

3
¿CUÁL ES TU CAUSA?

Este capítulo es importante. Puede que te preguntes qué haces aquí. Que te preguntes la importancia de aquello en lo que crees para impartir una charla.

Para serte totalmente sincero, lo más probable es que puedas dar una buena charla sin este capítulo. Pero el objetivo de este libro es ayudarte a realizar presentaciones auténticas. Y para conseguirlo, las presentaciones necesitan unos cuantos gramos de fe en ellas. De hecho, no basta con eso. Para ser auténtico necesitas unos cuantos gramos de fe en ti mismo. Más que de presentaciones o de contar historias, esto trata de ti. De descubrir en qué crees y qué «apoyas». Si bien nunca comenzaremos una presentación diciendo: «Hola, soy Mark y creo que la diversidad fortalece los negocios», la gente lo percibirá durante la presentación. Es el «por qué», el propósito, la misión o filosofía, no importa cómo lo llames; lo que importa es que descubras cuál es tu causa a lo largo de tu vida.

Al hacerlo, atraemos como personas a otras que creen en lo que nosotros creemos, y como empresas e instituciones, atraemos a la gente que cree en lo que creemos. Es incluso más importante que todo eso. Si lo hacemos bien, trabajaremos con gente que cree en lo que creemos, y te puedo asegurar que trabajar así es más sencillo, más fructífero y tiene una mayor repercusión. En un mundo con muchísima competencia, donde los mercados están a reventar, donde los grandes negocios compiten con empresas que operan desde una habitación sin apenas gastos estructurales, tu objetivo no es ser el más barato. Solo una empresa puede ser la más barata. Tú tienes que ser diferente. Necesitas destacar gracias a la razón por la que haces las cosas y por cómo las haces. Suena utópico, ¿verdad? Pero piensa en tu propio comportamiento. Seguramente tienes una marca de tecnología favorita, tu tienda de comida y bebida preferidas, una marca de ropa que te gusta especialmente. Y me atrevería a decir que no los elegiste en función del precio. Los elegiste porque, de alguna manera, «encajaban» con tu personalidad y tus creencias. Cómo definimos estas cosas, cómo las sentimos, está cambiando. En el pasado eran las marcas las que decían a los clientes qué y quiénes eran. Hoy en día somos nosotros los que nos decimos unos a otros quién y qué es una marca. Para que las personas lleguen a entender nuestras empresas y organizaciones, nosotros también hemos de ser claros al respecto.

Uno tras otro, documentos científicos han revelado que tomamos más decisiones de manera subconsciente que consciente. Sabemos de manera intuitiva qué hacer, qué comprar, en quién confiar. Lo hacemos porque captamos cientos de señales de manera subconsciente. Simplemente «sentimos» que podemos confiar en una persona, o preferimos determinada empresa, o creemos en algo que nos identifica con esa marca o aquella. Antes, las personas y las empresas se limitaban a *explicarnos* en qué creían. Hoy no alcanza con esto. Hay que demostrarlo de alguna manera. Esta es una frase que pronuncio a menudo, y ya la he usado con anterioridad en este libro. No me disculpo, es una gran frase: «No me cuentes lo divertido que eres, hazme reír».

No sé quién la dijo por primera vez y Google no lo tiene claro; sé que no fui yo. Pero la uso muchísimo, pues describe muy bien dónde estamos en términos de confianza y marketing. En términos de creencia y marca, en términos de amistad. Juzga a las personas por sus acciones más que por sus palabras. Soy testigo de lo contrario constantemente. Veo líderes ensalzando las virtudes de crear equipos cuando no saben nada de trabajo colaborativo; veo personas que trabajan en el sector de la beneficencia que no muestran bondad alguna; veo organizaciones que hablan de diversidad cuando en sus campañas utilizan únicamente modelos blancas y delgadas. El problema es que este tipo de cosas ya no se pueden ocultar. Tu comportamiento debe estar alineado con tus creencias, y tus creencias, con tus palabras. Aunque nunca (o raramente) hables de tus creencias de forma abierta durante una charla, las personas *sienten* qué tipo de persona eres y deciden si confiar en ti (o no).

Por ello, descubrir cuál es tu causa y la de tu empresa es esencial. Será el telón de fondo, la estrella polar, la música ambiente de tus presentaciones. Más importante incluso: será el telón de fondo y la estrella polar a lo largo de tu vida.

Muchas personas definen aquello que apoyan a través de aquello a lo que se oponen. Funciona. Es, quizá, la mejor forma de determinar en qué crees.

Un ejercicio realmente sencillo es escribir en la siguiente tabla todas las cosas a las que te *opones*. Te animo a que lo hagas primero en el sentido más amplio de la palabra, para luego centrarte en tu trabajo o un área de tu elección. Puede ser cualquier cosa: la utilización de los combustibles fósiles, las grandes farmacéuticas, una sociedad que no valora la sanidad gratuita, el racismo, la misoginia, todo lo de más arriba. Anótalo en la lista de «Me opongo a», a la izquierda.

Después, en la columna del medio, la de «Por qué estas cosas son malas», escribe la razón por la que te opones a ellas. Escribe, en la tercera columna, «Dónde las veo», una

ME OPONGO A	POR QUÉ ESTAS COSAS SON MALAS	DÓNDE LAS VEO
—	—	—

lista de marcas, competidores o personas. No emitimos juicios, todos estamos en un viaje.

Cuando rellenes la tabla verás las cosas a las que te opones. Puede ser muy útil si te cuesta definir las cosas que apoyas.

Ahora quiero que afiles tus lápices, enfoques tu mente y continúes con la segunda tabla en la siguiente página. Es la tabla «Cuál es mi causa». Tiene, también, tres columnas. La primera dice «Mi causa es». Escribe las cosas en las que crees, cosas que valoras más que otras. Como punto de partida puedes usar la columna «Me opongo a» y escribir lo contrario. O puedes comenzar con la lista de valores en el apéndice al final del libro y escribir aquellas cosas con las que te sientes más identificado. Intenta que sean cinco cosas. Escríbelas en la tabla. Luego pasa a la columna donde dice «Por qué son buenas estas cosas». Se refiere al impacto. ¿Qué diferencias positivas marcan estas creencias? ¿Por qué mejoran la vida de las personas? ¿Por qué son importantes para los clientes? ¿Cómo pueden mejorar los negocios? Es una columna más general que específica. Finalmente, escribe ejemplos concretos que hayas vivido. Lo ideal sería que los tomaras de tu propia vida, del trabajo de tu empresa, de boca de tus clientes.

¿Puedes proporcionar ejemplos concretos que ilustren los beneficios de las cosas en las que crees?

Aquí es donde la cosa se puede complicar un poco. Quizá no tengas ningún ejemplo. Y entonces, ¿qué? En ese caso puedes usar los de otras personas u organizaciones. Eso no es robar, pues no vas a hacerlos pasar por tuyos (eso sí es robar). Solo los vas a utilizar para respaldar tu argumento, atribuyendo la autoría a quien corresponda. Un ejemplo que yo utilizo es el del diseñador de moda británico Paul Smith, que se sumerge en la cultura del lugar al que va cuando viaja. Al llegar a una nueva ciudad o país, se zambulle en las vistas y sonidos de ese nuevo lugar. Se quita los auriculares, guarda el móvil, viaja en transporte público o recorre el último tramo de su viaje a pie, del aeropuerto al hotel. Camina por las calles, huele el aire y saborea la cultura. Utilizo este ejemplo para ilustrar la idea de que, más que dibujar o dominar el programa CAD, las mayores habilidades de un diseñador son la observación y la imaginación, y esto redunda en mi creencia de que es más importante observar que apresurarse a encontrar una respuesta. Este no es *mi* ejemplo, aunque yo hago lo mismo. En realidad, a nadie le importa cómo surgen mis ideas. Sí les importa cómo nacen las de uno de los diseñadores más famosos del planeta. Puedes apuntalar tus creencias apoyándote en el comportamiento de otros, siempre y cuando seas honesto.

Ahora tendrás una lista de cosas en las que crees, el beneficio que te aporta a ti/a tu vida/sector/negocio/mundo, y unos cuantos ejemplos. Y, más que las creencias, son los ejemplos los que explicarás.

Es fácil acabar descartando todo esto y llenar tu presentación con información sobre precios, beneficios económicos y puras ventas. De estas tres cosas, la única importante es la del medio. Pero si te decides por un enfoque más elevado y explicas claramente por qué haces lo que haces, entonces la gente vendrá a ti.

Aunque trillada (y antigua), la charla «Start With Why» de Simon Sinek es un buen ejemplo de todo esto. La gente no compra lo que haces, compra el por qué lo haces. Como dije antes, solo una empresa puede ser la más barata: las demás tienen que ser diferentes y mejores. El principal ejemplo que utiliza, Apple, es hoy en día una empresa muy diferente, pero eso no hace sino darle la razón. Cuando Steve Jobs dirigía Apple, su «Por qué», su propósito, estaba claro. Hoy no lo está. Su ejemplo sigue vigente y puedes encontrar su charla TED en la web del libro.

ESTOY A FAVOR DE —	POR QUÉ SON BUENAS ESTAS COSAS —	EJEMPLOS CONCRETOS —

A pesar de que se grabó en 2010, sigo utilizando este ejercicio hoy en día. ¿Por qué? Porque sigue sin haber nada tan bueno como distinguir entre el por qué, el cómo y el qué de lo que haces. Para resumir, todo el mundo sabe qué hace, ciertas personas y organizaciones saben cómo lo hacen (lo cual las diferencia), pero muy pocas pueden explicar por qué hacen lo que hacen; las organizaciones de más éxito son capaces de hacerlo de manera clara. Yo recomiendo seguir el proceso de Sinek. Funciona. Puedes averiguar más en su propia web, simonsinek.com, pero yo utilizo un sencillo ejercicio que consiste en escribir tu por qué como una declaración de creencias:

YO CREO / NOSOTROS CREEMOS

....

....

....

....

PARA

....

....

....

....

El riesgo es que acabes explicando qué y cómo haces las cosas. Piensa como un hippie, como un idealista, acepta esa parte de ti cuando escribas tu propuesta o tu declaración de por qué. Ya tendrás tiempo para el realismo, y mucho. La segunda frase proporciona una base y nos hace pensar en las consecuencias de lo que hacemos y por qué lo hacemos. Es tan importante como la primera parte. No es fácil, y hay que intentarlo varias veces. Una manera sencilla de comprobar si vas en la dirección correcta es preguntar el «por qué» de tu declaración. Si eres capaz de profundizar aún más, hazlo. Aquí tienes un ejemplo:

Pregunté a una amiga cuál era su por qué. Me respondió: «Creo en organizar grandes cenas.» Los más observadores de entre vosotros os daréis cuenta de que esto no es un por qué. Así que le pregunté por qué creía eso. Dijo que es mejor comer acompañado que solo. Sí, pero sigue sin ser una declaración de por qué. Así que le volví a preguntar. Contestó que comer acompañado permite compartir ideas. Sí, estaba de acuerdo, pero quería más. Al final lo conseguimos. Creía que la compañía nos permite ser más comprensivos y hace que florezcan mejores ideas. Ella reúne a gente en grupos informales y lo hace a través de la comida.

La mejor forma de demostrar aquello que apoyas no es una declaración sino una historia, tu trabajo o lo que haces. Esta es, también, la mejor forma de vender. A nadie le gusta un vendedor pesado. Si eres bueno, si explicas tu trabajo hablando de cómo este marca la diferencia, si pareces honesto y confiable, no necesitarás salir a buscar trabajo. El trabajo vendrá a ti.

———

Mis charlas comienzan siempre con una de entre tres historias. Son cosas que me han ocurrido en la vida real. Una es sobre hacer huelga en mi escuela primaria por los comedores escolares, otra sobre creer que no era creativo y que no podía cantar, y la tercera es sobre mi negativa a comer manzanas sudafricanas durante el *apartheid*. Esto último también resultó en huelga. Utilizo estas historias para que la idea que quiero transmitir resulte más palpable. Las ideas son, respectivamente:

— **El poder conlleva responsabilidad;**

— **Todos somos creativos;**

— **Si no estás a favor de nada, caerás en cualquier cosa.**

También son muy útiles para retratar las cosas en las que creo: bondad, creatividad, igualdad. Son valores inextricablemente enlazados con mi por qué / propósito y queda claro el tipo de persona que soy. No hace falta que te lo explique, simplemente te cuento una historia. No hace falta que declare cuál es mi misión, la puedes sentir.

Tu propósito atraerá gente hacia ti. Bueno, atraerá a las personas que comparten ese propósito contigo. Y alejará a aquellos que no están de acuerdo o no lo entienden. Creo que esto último es igual de útil. En mi experiencia, ser convencional me ha llevado a más cosas malas que buenas. Tu propósito estará presente, como un telón de fondo, detrás de tu presentación. No lo trabajes demasiado, no insistas más de la cuenta. Es un sutil perfume más que un potente ambientador. Es importante que impregne suavemente a tu público, no que lo abrume.

Ten cuidado: si no lo sientes de verdad, si te lo has inventado, si no lo honras con tu comportamiento, la gente lo descubrirá. La verdad no solo está ahí fuera, sino que es más fácil de ver que nunca. Ser deshonesto en relación con tu propósito es peor que no tenerlo.

4
DIFUNDE IDEAS, EXPANDE MENTES

Ahora que es más fácil que nunca acabar viviendo en burbujas aisladas (bueno, desde antes de que el caballo o la bici nos permitieran salir del vecindario), compartir ideas es cada vez más importante. Las presentaciones diseminan ideas. Para eso están.

Es cierto que te pueden pedir una presentación que actualice las cifras de ventas del Q3. Algunas cosas no deberían presentarse. Compartir ideas sobre iniciativas de ventas para el Q3, eso sí es algo que merece la pena presentar.

Si no tienes ninguna idea o careces de la capacidad de provocar un cambio en el público, ¿por qué haces una presentación? Que puedas hacerla no quiere decir que debas hacerla. Las presentaciones son potentes, pero las debilitamos si las utilizamos demasiado. Les restamos poder cuando las usamos para diseminar información, no ideas. La información es el pasado, las ideas son el futuro.

Yo lo comparo con la diferencia entre datos y conocimiento. Ambos son importantes. Y los primeros pueden dar surgimiento al segundo. Pero mientras que los primeros son historia, el segundo es el futuro. Los datos son lo que ya ha pasado. Si bien pueden ayudar a predecir el futuro, la imaginación puede darle forma. No niego que los datos y la información sean importantes. Desde luego que lo son. Pero extraer el significado de los datos, la hoja de ruta a partir de la información, ahí es donde reside la magia.

Presenta ideas, respáldalas con datos.

CÓMO TENER MEJORES IDEAS

Te voy a explicar cuatro cosas que hago para que se me ocurran «mejores» ideas. Cuando digo mejores, quiero decir ideas que son menos obvias, de mayor profundidad, ideas que te emocionan y que te llenan de energía.

1. PREGUNTA MEJOR

Suena fácil, ¿verdad? Simplemente plantea una mejor pregunta, de mayor alcance, más retadora. Esto, en realidad, es muy difícil. Cuando buscamos nuevas ideas, lo instintivo es recoger velas, rebajar nuestras expectativas. Tendemos a gravitar hacia lo que ya conocemos, a lo que hicimos la última vez, añadiendo, a lo sumo, un «¿Cómo puedo hacerlo un poco mejor?» o «¡Hagamos lo que está haciendo la competencia!». Las ideas que surgen de lo primero son secuelas. Ahí es donde se encuentra Apple en estos momentos. Mejora gradual. Solían plantear mejores preguntas. Resumiré el problema de este abordaje con una analogía un poco simple. La película *Loca Academia de Policía* fue divertida. La película *Loca Academia de Policía 7* no fue ni divertida ni demandada por el público. Las grandes ideas raramente aparecen en forma de secuela. Lo mismo aplica a plagiar a la competencia. Hay que inspirarse en los demás, sin duda, pero tomar lo que ha hecho otra persona y hacerlo un poco mejor no es tener una nueva idea. Intenta plantear una mejor pregunta.

2. DEMÓRATE EN EL PROBLEMA MÁS TIEMPO

Si bien desarrollar ideas está muy de moda, demorarse en un problema también está bien. Apresurarse en encontrar una solución puede provocar que acabemos desarrollando la idea más obvia en lugar de la mejor. Ser paciente durante las fases de observación y de la idea-generación a menudo produce mejores resultados. Después, ciertamente, hay que darse prisa.

Así que demórate en el problema algo más; demórate algo más en la incomodidad que genera ese problema. Supuestamente fue Einstein quien dijo: «Si me dieran una hora para salvar el planeta, pasaría cincuenta y nueve minutos definiendo el problema y un minuto resolviéndolo». Cometemos muchos errores solucionando el problema equivocado.

3. MEDITA

¿Cómo? Sí, medita. Meditar hace que cambien nuestras ondas cerebrales. En el estado de onda cerebral theta alcanzamos nuestra máxima creatividad/inventiva. Es el estado cerebral que experimentamos justo antes de dormir o durante actividades repetitivas como correr, nadar y, aunque suene más inquietante, conducir. Estas ondas cerebrales son lentas. Cuando nos encontramos en este estado, somos más proclives a tener más ideas nuevas. Es un estado de libre flujo en el que también podemos entrar en la ducha, cuidando de las plantas o meditando. Me atrevería a decir que la mayoría de vosotros meditáis (de lo contrario, ¿por qué no?) y, por lo tanto, sois conscientes de los beneficios de una mente serena. Pero la meditación también se puede utilizar para generar ideas. Tanto Einstein como Edison utilizaban la meditación como una forma de pasar a un estado mental más creativo. Al parecer (y espero de verdad que esta historia sea cierta), Thomas Edison se concentraba en un reto mientras meditaba, para resolver un problema difícil. Escribía el problema en una hoja de papel: «Cómo fabricar una bombilla mejor», por ejemplo. Entonces se sentaba en una silla recta junto a una mesa con el papel y el bolígrafo encima. Colocaba un vaso entre sus pies mientras sujetaba una moneda entre las rodillas. Entonces meditaba. Conforme se relajaba, sus ondas cerebrales pasaban de beta (con mucha energía y totalmente despierto) a alfa (mentalmente activo, pero no tan concentrado) a theta. Después de theta viene delta (el sueño), así que mientras pasaba del primero al segundo comenzaba a quedarse dormido de forma natural. Sus rodillas se relajaban, la moneda caía (sí, ese es el origen de la frase), aterrizaba en el vaso de metal y lo despertaba. Seguidamente escribía lo que fuera que estuviera pensando. Propio de un genio. Y es que eso era.

Por lo tanto, ¿cómo puedes ser un poco más Edison? Encuentra tu meditación. No hace falta que sea estilo namasté: puede ser correr, caminar, tejer o hacer jardinería. Cualquier cosa que te haga entrar en un estado más hipnagógico, casi de trance. Acostúmbrate a desconectar para tener mejores ideas. Como me dice mi entrenador de natación: «Ve más despacio para ir más de prisa». Es cierto. Nadar es una forma de meditación que he descubierto hace poco y no puedo más que recomendar. Me zambullo y me encanta el cosquilleo en la piel con el cambio de temperatura. Me encanta oír cómo se desvanece el ruido del mundo en la superficie. Y entonces soy solo yo. Debajo el agua. Doy patadas de delfín durante media piscina y continúo sumergido hasta que necesito respirar. Hasta que mis pulmones piden oxígeno a gritos. Entonces me quedo abajo todavía un poquito más. Esto es meditación. También es un ritual. Hablaremos del ritual más adelante. Encuentra una meditación, encuentra más rituales en tu vida.

4. GENERADOR DE IDEAS

Existen muchas maneras de generar ideas y cientos de herramientas que te pueden ayudar a conseguirlo. Seguramente tienes tus favoritas y, en ese caso, te recomiendo que uses la que más te guste. Pero si no hay ninguna que uses habitualmente, aquí tienes la mía. Puede que te sirva de ayuda. Se llama «la margarita de ideas de Mark».

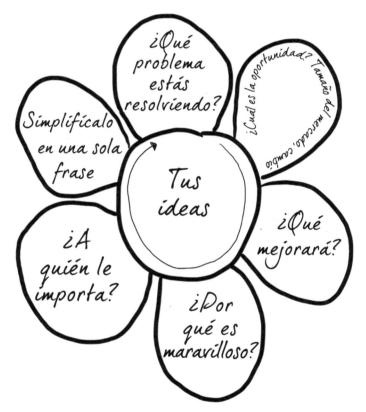

Yo tengo dos formas de arrancar. Con una idea (si tengo una) o, más a menudo, con un problema. Comenzar con algo que te resulta terriblemente irritante es un buen punto de partida porque ya estás metido en ello. Puede que sea un problema que observas en el trabajo o en la vida en general. Un problema que te preocupa o que ha percibido alguna otra persona. El proceso es el mismo. Analiza el problema y pregúntate: ¿Por qué es un problema?, ¿para quién es un problema?, ¿por qué no se ha solucionado antes?, ¿en qué ha fallado nuestra forma de pensar? Definir el problema de esta manera hace que nos demoremos más en él y evita que nos precipitemos hacia la solución más obvia. Seguidamente, trabajo la margarita en el sentido de las agujas del reloj y, cuando tengo una idea, la escribo en el medio. Para cada idea respondo la pregunta en cada pétalo. Emergerá una idea favorita (pero no descartes las demás, ya llegará su momento). Los pétalos están compuestos por las siguientes preguntas:

1. **¿Qué problema estás solucionando?** Aquí, los elementos clave son: ¿Por qué sigue siendo un problema? ¿Quién experimenta el mayor dolor? ¿Qué ha fallado en nuestra forma de pensar? ¿Cómo podemos redefinir el problema?

2. **¿Cuál es la oportunidad de negocio?** Lejos quedan los días en los que medíamos las oportunidades únicamente en función del dinero. Pero el dinero sigue siendo importante. Si no generas beneficios, entonces no eres un negocio. Así pues, ¿cuál es la dimensión económica de esta oportunidad? Y, por otro lado, ¿cuál es la dimensión humana de esta oportunidad? ¿Qué nivel de cambio puede aportar? ¿Para ti, para tu negocio o para el mundo? ¿Por qué realizar una presentación si no marca diferencia alguna?

3. **¿Qué ayuda a mejorar tu idea?** ¿Mejora la vida de alguien? ¿Cuáles son los beneficios sociales? ¿Cuáles son

los beneficios a nivel de eficiencia? ¿Cuáles son los beneficios empresariales? Se trata de beneficios no económicos y pueden ser realmente amplios.

4. **¿Por qué es fantástica?** Me interesa por dos cosas. Primero, ¿por qué te entusiasma tanto? En segundo lugar, ¿por qué tienes una ventaja competitiva en este punto? ¿Por qué eres la mejor persona u organización para hacerlo? ¿Por qué solo tú o tu organización podéis hacer que funcione?

5. **¿A quién le importa?** Tan simple como esto. ¿A quién le importa la idea? ¿Esas personas son el público? Si no lo son, ¿cómo puedes dar vida a este tema y hacer que les importe o que defiendan lo que estás haciendo? Estás intentando crear un pequeño velcro que haga que tu idea se les pegue.

6. **Simplifícalo.** Todos vivimos en una determinada burbuja de lenguaje relacionada con el mundo en el que vivimos. Esto da por sentado un cierto nivel de conocimiento y, al presentar, es fácil caer en esta forma de hablar. Así que hazlo simple. No solo en cuanto a la terminología, sino también a la idea. Redúcela a su más sencilla expresión.

Adivino que ahora te gustaría un ejemplo, ¿verdad? Pues aquí va.

¿Qué problema estoy solucionando?

Mal aliento. No el mío, sino el de mi perro. Mi perro *Ralf* murió este año. Era un jack russell y, hacia el final de su vida, su aliento olía realmente mal.

Pero ese no es el problema de verdad. Siempre vale la pena escarbar hasta un nivel por debajo. El problema con un perro que tiene mal aliento es que nadie lo quiere acariciar. Por ello, siente que nadie lo quiere. Pero ese no es el único problema.

Acariciar una mascota es beneficioso para nuestra salud. Nuestro ritmo cardíaco y nuestra tensión arterial se reducen y liberamos una hormona de la relajación que puede ayudar con el Síndrome Post Traumático. Por lo tanto, en realidad, el problema es que el mal aliento canino equivale a humanos más estresados.

¿Cuál es la oportunidad de negocio?

En números: existen 9 millones de perros en el Reino Unido, y el 26 % de los hogares del Reino Unido tienen uno. Es un gran mercado y un gran número de vidas sobre las que generar un impacto.

¿Qué es lo que mejora?

Claramente, poder acercarte a tu perro conforme se hace mayor mejorará la calidad de vida del animal. Pero, como hemos tratado más arriba, también mejorará la calidad de vida del propietario. Podría, así mismo, reducir la cantidad de ambientador que consumes.

¿Por qué es fantástico?

¡Te querré hasta el día que te mueras! ¿Hace falta que diga más?

¿A quién le importa?

A todos los perros y todos los propietarios de perros y sus familias e invitados.

Simplifícalo

Un perro es para toda la vida (no solo hasta que comience a oler mal).

Por lo tanto, ¿cuáles son mis ideas? Primero, cepillarle los dientes al perro cada día. Hummm, no es una idea ganadora. Segundo, palillos dentales masticables; limpian los dientes, pero no huelen precisamente bien. Tercero, comida de perro con sabor a menta. Sí, es una porquería de idea. ¿O no?

El objetivo es refinar la idea hasta que el público se identifique con ella. Pero ¿qué pasa si tu idea es mala? ¿Y si ni siquiera es tuya? Quizá te han pedido que des la charla. Eso pasa mucho, y en tus manos está resistirte un poco y poner en duda la necesidad de hacerlo. O eso o la cambias, la haces tuya.

A mí me pasó una vez. Mi padre me pidió que diera una charla. Era director de una empresa que monitoreaba flujos de tráfico y los convertía en datos predictivos. Leí la presentación. Era buena, pero yo no conseguía verle el ángulo humano... No veía velcro por ninguna parte. Así que le puse un poco. Volví a contar la historia del nacimiento de mi hijo. Nuestro segundo bebé. El parto en casa no fue del todo bien y nos llevaron de urgencia a un hospital en Bradford. En un momento dado miré por la ventana y me di cuenta de que íbamos en la dirección equivocada. Directos al atasco de Manningham Lane. Ese no era el camino al hospital. Pregunté al conductor qué estaba haciendo. Al parecer, era un reemplazo y no sabía el camino. Como era de esperar, nos quedamos atrapados en el tráfico, retenidos por los semáforos. Conté esta historia. Les pedí que se imaginaran lo ventajoso que hubiera sido que la ambulancia hubiera contado con GPS predictivo e identificación mediante Bluetooth para cambiar los semáforos conforme nos acercábamos (ahora todas estas cosas son normales, pero hace veinticinco años no lo eran). De esta manera, conseguí dar vida a algo bastante árido. Las personas recuerdan las historias, así que añade alguna.

Las ideas importan de verdad. Llevarán tus presentaciones a otro nivel, mejorarán tu comunicación en general, representan la diferencia entre que te asciendan y que no, entre ese nuevo trabajo y el que ya tienes. Son la diferencia entre un mundo mejor y donde estamos ahora.

Recuerda: lo principal es la idea. Pero puedes hacer que genere entusiasmo con historias.

Y eso es lo que vamos a analizar a continuación.

5
CÓMO CONTAR HISTORIAS

Las mejores charlas cuentan historias. Lo sabes. Las historias disparan la imaginación. Las historias te dejan sin aliento. Las historias te elevan a lo más alto o te hacen descender.

Por medio de historias puedo hacer que pienses dos veces lo de comprarte ese nuevo iPhone. Puedo hacerte llorar hablándote de los niños que excavan la tierra en busca de coltán para hacer el tantalio con el que se fabrican los condensadores que hacen que el teléfono funcione. Lo puedo hacer con palabras. Palabras que evocan imágenes en tu cabeza. Las palabras son importantes. Las historias son importantes. Más aún, las historias son fáciles de recordar. No solo para ti, sino para el público. Si quieres que recuerden tu charla, cuéntales una historia.

No estoy diciendo que te olvides de los hechos. Los datos son como las pasas de un pastel. Pero es la historia la que mantiene las pasas juntas. La historia es el pastel. ¿Un trozo de pastel o un puñado de pasas? Me quedo con el pastel.

Entonces, ¿cómo convertimos una idea en una historia? En su libro *The Seven Basic Plots*, Christopher Booker sostiene que en la narración de historias existen solo siete líneas argumentales arquetípicas (de mendigo a millonario, la búsqueda, vencer al monstruo, etcétera). Cuando enseño a la gente a presentar, utilizo seis enfoques principales para contar historias. Pero también me gusta que elijan su propio enfoque. En verdad no importa demasiado qué enfoque sigas. Sirven para inspirarte y así cuentes una mejor historia.

MIS 6 ENFOQUES FAVORITOS EN LA NARRACIÓN DE HISTORIAS

1. EL VIAJE DEL HÉROE

Se trata de una técnica de narración de historias tradicional. Es lineal y embarca a la audiencia en un viaje. Uno personal, generalmente. Tu gran idea sigue siendo lo más importante, pero usas tu historia para ilustrarla.

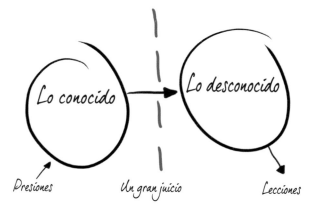

Este enfoque implica pasar de lo conocido, del confort, de lo seguro, a lo desconocido. Normalmente esto significa crear suspense hablando de los éxitos y la alegría de la situación anterior. Así que el comienzo de la presentación consiste en preparar la historia. Sabes de qué hablo. Lo ves cada día en los dramas televisivos sobre hospitales, aunque a veces se hace de manera un tanto torpe. La alegría de niños jugando en los columpios es una trillada precursora de la tragedia. Por lo tanto, mi consejo es no abusar de estas cosas.

En el viaje de todo héroe hay algún tipo de prueba. Una crisis personal, darse cuenta de que se ha subido la montaña equivocada o transitado por el camino que no era, el hundimiento de un negocio o, quizá, un simple cambio de opinión. Pero es probable que implique algún tipo de prueba/dificultad/giro. Está bien. Esto crea velcro, una adherencia que hará que te lleves a la gente contigo.

Podrías describir el espacio seguro en el que te encuentras. Quizá la frustración que esa seguridad acarrea. Después el brillante premio o un posible mundo feliz. Después los altibajos del viaje hasta que alcanzas tu destino. Casi no importa si triunfas o no. Lo que importa es la enseñanza.

Dicho esto, a todos nos encantan los finales felices. Ve a la página web y mira la charla de Rohan Anderson.

2. HISTORIAS EN ÓRBITA

Este enfoque introduce un tema central. Se puede hacer pausadamente, con sutileza. A continuación respaldas el tema con historias. Es como un árbol con raíces de contrafuerte. Las raíces hacen la mayor parte del trabajo. La magia reside en las historias de apoyo, pero cada una añade algo al tema central.

La estructura de la charla puede ser bastante laxa, y esto siempre funciona muy bien para aquellos conferenciantes cuyo estilo es relajado. Tras lo que parecen una serie de conversaciones, al final, la habilidad radica en unir todos los hilos individuales. Este enfoque permite al ponente tratar un amplio abanico de temas que se sienten nuevos y diferentes, pero que están integrados en un formato.

Las historias de apoyo comparten el tema central, pero eso es todo. Pueden abarcar un abanico muy amplio de temas y estilos. Está bien contar la historia de otra persona como historia de apoyo, pero —obviamente— se ha de atribuir la autoría a su creador. Cada historia dará apoyo al tema principal, para elevarlo un poco más. .

Un ejemplo muy bonito es una charla de mi amigo Steve Edge en las Do Lectures de 2010. Steve es una de las personas más vibrantes que conozco. Es un narrador nato y este enfoque se adapta perfectamente a su estilo natural. Steve menciona su tema central casi de inmediato y a continuación relata una serie de anécdotas que construyen este tema, incluida su famosa historia de «Vístete de fiesta todos los días y la fiesta vendrá a ti».

Ahora bien, Steve es un orador entretenido y no técnicamente perfecto. Y eso es simplemente perfecto porque es totalmente él mismo y eso es todo lo que puedes ser. Tú no puedes ser yo, yo no puedo ser tú y ninguno de nosotros puede ser Steve Edge. Así que aquellos de vosotros a los que os preocupa la perfección técnica —olvidar lo que queréis decir, perder el hilo, tartamudear o cualquier otro tipo de inconsistencia— no os preocupéis. Es mucho menos importante de lo que creéis. Echadle un vistazo a su charla.

3. EL HILO DORADO

El hilo dorado atraviesa toda la presentación. Aparece en distintos puntos en lugar de estar visible todo el tiempo.

Se podría confundir con las historias en órbita, pero en realidad se parece mucho más al *callback* de un comediante. La manera de hacerlo es introducir la idea en primer lugar, y después construir una presentación más lineal que cuando se usa un enfoque de historias de apoyo. Con cada subhistoria, conscientemente haces referencia a la idea central. Para ello, utiliza una frase clave.

De esta manera podrías comenzar con una anécdota que tenga alguna virtud pero que no resulte demasiado pesada. A partir de ahí, cada una de las historias que cuentes contendrá un hilo de esa primera anécdota. Al final, resucitas la referencia inicial en el *callback*, lo cual, además de hacerte parecer muy inteligente, también remata la presentación con un bonito eco del inicio de esta. Y, de paso, realza las otras referencias que has incluido en la charla.

Al final del capítulo 3, al hablar de mis presentaciones, hacía referencia a una que comenzaba con la historia de la huelga que lideré en la escuela cuando tenía nueve o diez años. Lo hice porque quería tener la libertad de comer mi propia comida en lugar de la del comedor. Caminamos patio arriba y patio abajo hasta que ganamos y se nos permitió llevar nuestra propia comida si nos apetecía. El problema fue que mi madre no me dejó. Tuve que seguir con la comida del cole. El primer día del nuevo régimen estaba a cabeza de la cola, frente a la más agradable de las señoras del comedor, la Sra. Thomas. Me miró y me dijo: «Estoy contenta de que sigas con nosotros, Mark». (Sabía que había sido mi culpa, ¡todos lo sabían!) Entonces preguntó: «¿Sabes qué pasaría si todo el mundo trajera su propia comida?».

«No», respondí.

«Yo no tendría trabajo, Mark.»

Clang. Fue el ruido que hizo mi mandíbula al tocar el suelo.

Simplemente no había valorado las implicaciones de lo que estaba haciendo. Era solo algo divertido, una pequeña y ligera disrupción. Pero aprendí una gran lección.

EL PODER CONLLEVA RESPONSABILIDAD

Esta lección se grabó en mí para siempre. Durante mi charla, que puedes ver en la web que acompaña a este libro, utilizo esta frase al menos cuatro veces. Como un aparte, como referencia principal, a veces casi en voz baja. Entonces, para acabar, afirmo que el público tiene superpoderes y que hay que utilizarlos de forma inteligente porque (ya sabes lo que viene), tal y como aprendió aquel niño hace ese montón de años, «el poder conlleva responsabilidad».

4. OSCILACIÓN

Este enfoque narrativo está totalmente basado en el contraste. Construyes una estructura de historia que resalta el contraste entre dónde estamos ahora y dónde podríamos estar; cómo son los productos y servicios ahora, y cómo podrían llegar a ser; el éxito de nuestro negocio ahora, y el que podría llegar a tener; cómo es la cultura de nuestra organización ahora, y cómo podría llegar a ser.

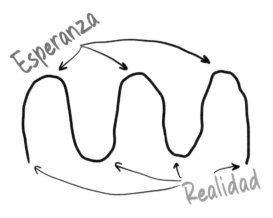

Estos extremos sirven para acentuar la necesidad de cambiar las cosas. Estás contando una serie de historias que muestran el futuro o un camino mejor, basado en tu idea. Intercalas esas historias con las de la realidad actual. El contraste es el que atrapa la imaginación. Ilumina el alma.

Comienzas o bien con la realidad, o bien con ese camino mejor y luego lo contrastas. Continúas con ello para construir una visión compartida del futuro.

El mejor ejemplo de este enfoque es el discurso «Tengo un sueño» de Martin Luther King. De hecho, este discurso es una clase magistral de repetición, poesía y ritmo. Todos creemos que lo conocemos, pero no es así. Ve y míralo otra vez. Ese discurso estuvo a punto de no suceder. A él le habían aconsejado que hablara de otra cosa, que la gente estaba aburrida de lo del sueño. Tras comenzar con una charla alternativa, quedó claro que al público no le llegaba. Uno de los allí congregados gritó: «¡Cuéntales lo del sueño!». Y así lo hizo. Incluso los mejores presentadores necesitan que les echen una mano a veces. Puedes ver una de las más famosas charlas del mundo en: *dopresent.co.uk/talks*.

Este enfoque se puede utilizar para vender lavavajillas. Imagínate un mundo donde tus platos no solo estuvieran limpios, sino ecolimpios. Puede parecer algo trillado o superficial, pero, al colocarlo junto al lado negativo, la oscilación atrae la atención hacia el lado positivo.

5. LANZARSE A LA PISCINA

Esto requiere coraje. También requiere una gran historia. Aquí no hay florituras. Se lanza al público directo a la piscina, donde el agua es más profunda. Esto no quiere decir que la primera frase tenga que ser dramática. Puedes entretenerte uno o dos minutos con la preparación.

Comienzas con un buen gancho que, tras uno o dos minutos, dejas caer en el centro de la historia. La sorpresa es la clave. Aun así, se puede hacer con calma. La dificultad de este enfoque reside en la necesidad de estar a la altura. Es un enfoque valiente, y tu historia y tu estilo han de estar al mismo nivel.

Hay una charla de Zak Ebrahim que es el ejemplo perfecto de esto. La sorpresa no llega inmediatamente. En realidad, primero crea un poco de suspense. Sería fácil para él comenzar con un «soy el hijo de un terrorista». Pero no lo hace. Prepara la escena. Hace un retrato. Describe las acciones terroristas de El Sayyid Nosair: la pérdida de vidas, la disrupción, la encarcelación. Entonces deja caer la frase: «El Sayyid Nosair es mi padre». Estás enganchado. Las preguntas, todas ellas, dan vueltas en tu cabeza. ¿Acaba de decir eso? ¿Cómo se siente? ¿Cómo fue crecer con un terrorista? Estás «dentro» y no quieres salir.

Y lo haya buscado conscientemente o no, existe una dimensión añadida. Cualquiera con un conocimiento básico de *Star Wars* percibe el eco de Darth Vader en esas palabras. Esta referencia cultural es un golpe maestro, pues recoge todos los temas de esas tres primeras (por hacer) películas y pasa la pelota al espectador. La charla es brillante, y vale la pena verla.

6. FALSO COMIENZO

Este abordaje está basado en las expectativas del público de que la charla vaya en determinada dirección. Pero el presentador la lleva en otra totalmente diferente. A menudo, las enseñanzas no se hacen evidentes hasta el final. Hace falta algo de paciencia por parte del público, pero puede ser realmente potente. A veces se puede parecer al enfoque del viaje del héroe.

He elegido a J. K. Rowling como ejemplo. Su charla no solo es magnífica, sino que el punto de partida, realmente inesperado, queda claro desde el principio. Está pronunciando el discurso de la ceremonia de graduación en la Universidad de Harvard. Es un día en el que se espera que la mayor parte de los conferenciantes hablen del éxito y de la vida real, pero ella opta por ensalzar las virtudes del fracaso y la imaginación.

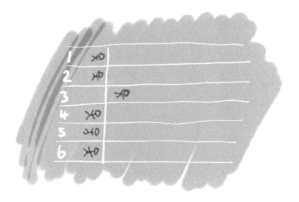

La estructura y el ritmo del discurso son (como cabría esperar) casi geniales. Además, ella es muy divertida y deja caer algunas frases redondas. Es una de mis charlas favoritas. La puedes ver tú mismo en la página web.

Puede que prefieras ignorar todos estos enfoques para la narración de historias y optar por el tuyo propio. Está perfecto. Los he incluido únicamente para que dispongas de una estructura o un marco que te permitan construir una historia. La estructura y la forma son tan importantes como el contenido, porque aportan seguridad y forma a una charla.

ESTRUCTURAR Y PLANIFICAR TU HISTORIA

Tener una idea, un enfoque para contar una historia, está muy bien como punto de partida, pero a mí lo que de verdad me ayuda es poder planificar mis presentaciones. Las plasmo en partes. Seis, quizá. Utilizo una imagen para cada parte, como un *storyboard*. Pero tú puedes usar solo palabras, si quieres.

Quizá has utilizado alguna vez la técnica del *storyboarding* en tu trabajo. Si es así, te será de gran ayuda. He añadido un par de plantillas al final del libro. Rellénalas como te parezca. No olvides que necesitas *recordar* el *storyboard*, razón por la que yo me inclino siempre por el más sencillo. Divido mi charla en una introducción, cuatro historias y un final. Las historias que incluyo son personales. Son irrefutables. No las olvidaré porque me han pasado a mí. Después cuelgo de esas historias los hechos, puntos o argumentos. O, quizá, para ser más exactos, doy *vida* a los hechos, los puntos y los argumentos con esas historias. Yo uso imágenes, pero siéntete libre de usar palabras.

Para ayudarte un poco más a planificar tu enfoque, puedes descargarte un sencillo cuaderno de ejercicios en formato PDF (en inglés) desde *dopresent.co.uk/resources*.

6
TU PÚBLICO

Conocer a tu público es fundamental. No solo en presentaciones formales, sino para comunicar cualquier idea. Es importante que sepas a quién le estás hablando, qué saben, qué esperan y qué no, cómo quieres que se sientan y qué quieres que piensen después.

El objetivo de cualquier charla, de cualquier acto de comunicación, en realidad, es hacer que el público perciba algo de forma diferente o más profunda. Esto, a su vez, los llevará a hacer algo de manera diferente, a cambiar su comportamiento, a comprar algo tuyo, a creer más en tu marca que en otra. Aunque no comenzamos por el final, sí que comenzamos con el final en mente. Definir el resultado de la charla antes de escribirla es una muy buena manera de construir la estructura. Comprender qué quieres que el público haga después te ayudará a desarrollar una charla que los emocione. Yo siempre empiezo con PD: el Público Después.

Solo he fracasado una vez con una presentación, y fue cuando olvidé tomar en consideración al público. Llevaba un tiempo dando charlas sobre el impacto medioambiental de la basura electrónica. Me dirigía a los fabricantes y había preparado una charla y un estilo adaptado a ese público. La presentación incluía una diapositiva con una captura de pantalla de la página web de Greenpeace. Era una foto de un juguete erótico con las palabras: «¿Cómo de verde es tu juguete erótico?». No era ofensivo. No lo había sido para mi público habitual, en cualquier caso, pero sí lo fue para los profesionales de los negocios que asistían a su conferencia anual en Londres. Lo tomaron muy muy mal. No conseguí adaptar mi charla al público. Un error capital. Veía cómo se me iban escapando, cómo se despegaban de mí y, con ello, de mi presentación.

Una vez que han desconectado, difícilmente vas a conseguir que vuelvan. Y así ocurrió. Fue un punto de inflexión en mi forma de presentar y en qué presentaba. Fue una cosa menor, pero con importantes enseñanzas. La gente se ofendió mucho. La imagen no era mía, pero fui yo quien decidió mostrarla. Sentado en el tren de vuelta a casa reescribí cuatro presentaciones. Y nunca volví a usar esa diapositiva.

ENTENDER AL PÚBLICO

Comprender lo que quiere el público, qué y a quién espera, es vital para adaptar tu presentación, tu historia. Es probable que el mensaje, el tema y el valor de tu charla sigan siendo los mismos. Pero la forma en que lo expongas y los estilos que utilices cambiarán.

Ponte en el lugar del público. ¿Por qué están en este evento, en esta presentación, en esta sesión informativa? ¿Qué esperan obtener? ¿Por qué están dedicando su tiempo a sentarse y escucharte? ¿Qué esperan aprender? ¿Cómo puedes superar sus expectativas? ¿Qué quieres que piensen después? ¿Cómo quieres que se sientan? ¿Qué quieres que hagan?

El primer paso es averiguar quiénes son los asistentes. Pregunta a los organizadores del evento o de la reunión. Si es un gran acontecimiento, habrán desarrollado una estrategia de marketing dirigida a sectores específicos. Habla con ellos y averigua a quiénes se dirigen. Tendrán una lista de asistentes y, quizá, otra con los puestos de trabajo asociados a las reservas. Esta es una buena forma de comenzar a esbozar una imagen de la audiencia. ¿Cuál es el tono del evento? ¿Y el lenguaje que utilizan?

No intentes ser un fiel reflejo de esto, por favor. No intentes encajar. Es importante destacar, pero conociendo las expectativas del público y hasta dónde se puede llegar con una charla. Tu objetivo es superar sus expectativas sin olvidar sus aspiraciones.

Echar un vistazo al resto de los conferenciantes o personas que participan en el evento es igual de importante. ¿Quiénes son? ¿De qué van a hablar? ¿Cuál es su estilo? Vivimos en una era que hace probable que encuentres videos de los otros conferenciantes *online*. Mira allí. ¿Cuál es la reacción del público? Mejor aún, observa cualquier video de ediciones previas (si se trata de un evento) y, si conoces a alguno de los participantes, llámalo y pregúntale cómo era el público.

CONOCE EL LUGAR

Conocer el lugar en el que estarás es importante. Durante un tiempo realicé presentaciones en auditorios. Puedes atraer a una audiencia considerable, pero en esos espacios el sonido se escapa como el agua por un colador. Captar la atención del público en un espacio grande es difícil. Es posible que necesites proyectar una versión más grande de ti mismo. Por el contrario, un espacio más pequeño e íntimo puede no ser apto para correr de aquí para allá como un niño de seis años. Infórmate sobre el lugar y llega pronto (antes de que comience el evento) para que puedas evaluarlo.

LLEGA ANTES DE HORA

Llegar pronto es importante. Te permite ver a los conferenciantes que te preceden, o al menos al que te precede inmediatamente. Te podrás hacer entonces una idea del nivel de entrega del público y de sus expectativas. También podrás conocer la cultura del evento. Evita conflictos de estilo.

Aquí, un ejemplo de este tipo de conflicto. Tengo la suerte de ser uno de los socios fundadores de las Do Lectures. Lo cual no quiere decir fundador. El evento lo fundaron David y Clare Hieatt, pero durante los primeros años unos cuantos individuos con la misma forma de pensar se subieron al barco para ofrecerles apoyo. Soy uno de ellos. En cualquier caso, hace unos años un conferenciante llegó media hora antes de su charla. Para aquellos que no hayáis asistido a Do Lectures, la cultura del evento es muy relajada y modesta. Este conferenciante acudía por primera vez, no había investigado y comenzó su charla explicando que había llegado en avión privado desde Saint-Tropez. No causó buena impresión. Después se paró en medio del escenario, con los brazos extendidos, y dijo: «Tengo sesenta y tres años, ¿todavía me encontráis atractivo?». Una vez más, la reacción fue adversa. No había entendido al público en absoluto, sus expectativas y aspiraciones. Y no había vuelta atrás. No consiguió recuperarnos.

Acude al evento temprano, compréndelo, hazte una idea de cómo es el público. No te diluyas totalmente, pero empatiza con sus aspiraciones y necesidades. Sé humano y modesto. (Pero ten cuidado con la falsa modestia. El público la huele.)

Ser humano, ser vulnerable, son aspectos que trataremos más adelante. Enganchan al público, y enganchar al público es realmente importante. Pero recuerda que no gustarás a todo el público, ni todo el público creerá en ti o querrá escucharte. Tu trabajo no es hacer amigos o caer bien. Tu trabajo es difundir ideas, nuevas formas de pensamiento y transformar formas de pensar. Como dice mi amigo (y diseñador de la portada de este libro) James Victore:

«*TÚ NO ERES PARA TODOS, SOLO PARA LA GENTE SEXY.*»

Durante mucho tiempo creí que una buena charla era aquella cuyo público acababa queriendo ser mi amigo. Es bonito que eso suceda, pero primero céntrate en el cambio que quieres propiciar en sus vidas y/o trabajo.

Lo mismo aplica a una presentación de ventas o sesión informativa. Comprender quién está en la sala es vital para el éxito de la propuesta. Su cargo es importante, sin duda, pero también lo son sus aficiones, sus gustos y lo que no les agrada. Si la presentación es importante, aunque parezca un poco invasivo, echa un vistazo a sus redes sociales, a su LinkedIn. ¿Qué explican y qué hacen? ¿Cómo puedes usar las palabras, la imaginación y las historias para ayudarlos a que se identifiquen y conecten contigo?

Saber adaptarse también es muy importante. Una vez di una charla sobre temas medioambientales en una feria sobre maternidad y crianza. Había escrito un guion de veinte minutos sobre la seguridad desde el punto de vista químico de los biberones, las tetinas y los juguetes. Tuve que hacer la presentación tres veces a lo largo del día. La primera vez fue genial. Había, quizá, unas cincuenta personas en el público. Todo bien. La segunda vez fue aún mejor, eran unas cien. Pero a la última solo vino una persona. Subirse a un escenario para pronunciar una «charla» hubiera sido un poco absurdo (aunque he visto hacerlo), así que me senté junto a la única persona que había y, durante esos veinte minutos, hablamos sobre su situación en particular. Obtuvo mucho más que con una presentación normal (y no resultó ridículo).

LISTA PARA CHEQUEAR AL PÚBLICO

He confeccionado una lista para que puedas asegurarte de que entiendes a tu público:

1. **¿Quién es tu público?** ¿De qué sectores provienen? ¿Cuáles son sus intereses en general?

2. **¿Cuáles son sus expectativas?** ¿Qué han visto en el evento hasta ahora? ¿Cuáles son, a primera vista, los grandes temas en su actividad, en su sector a nivel más amplio, en la sociedad? Tu charla o presentación, ¿está relacionada con ello, construye a partir de ello o lo remedia?

3. **¿En qué creen?** Esta pregunta es sin duda complicada y, en realidad, no hay manera de saberlo. Pero si llegas temprano podrás tomarte un café durante el descanso y eso te permitirá hablar con la gente y hacerte una idea. Mantén tu radar encendido. Intenta determinar en qué línea van sus creencias y valores.

4. **¿Qué historia podría servir de vínculo?** ¿Qué puedes incluir en tu charla o presentación que te conecte? Existen momentos para ser desafiante, pero no lo hagas cuando estás intentando construir un puente con el público. Yo utilizo la música. También utilizo el propósito. Dejo claras mis creencias contando historias de mi pasado. Aunque son mías, estas historias pueden servir de vínculo. Como dijo James Joyce: «En lo particular está contenido lo universal».

5. **¿Qué quieres que sientan?** ¿Qué sensaciones buscas despertar? Esto puede ser muy amplio. Sentimientos como esperanza, optimismo, ambición, mejora de uno

mismo, amor. Aunque suene un poco hippie, anota los sentimientos que quieres estimular.

6. **¿Qué te gustaría que pensaran al marcharse?** ¿En qué sentido te gustaría haber influido en su forma de pensar? ¿Quieres que sean más amables, que valoren más la innovación, que piensen en la sostenibilidad (en todos los sentidos) de sus modelos de negocio? Escribe cómo te gustaría transformar su pensamiento.

7. **¿Qué quieres que hagan cuando vuelvan a su trabajo, a su proyecto, a su casa?** No te sientas decepcionado si al día siguiente no recibes un *email* que te explique todos los cambios que estas personas han emprendido consigo mismos o su organización después de escucharte, pero atrévete a soñar a lo grande. ¿Qué te gustaría que hicieran? ¿Qué comportamiento te gustaría que cambiaran? ¿Qué hábitos habría que incentivar para cambiar ese comportamiento? Finalmente, la más difícil de todas, ¿qué creencias necesitas que cambien para hacer que lo anterior suceda? Saca punta al lápiz y escríbelo.

8. **¿Qué puede incluir tu presentación para que todo eso resulte más fácil?** Historias, contenido audiovisual, ejemplos. ¿Cuál es tu arsenal?

Entender a tu público es clave. No lanzarías un nuevo producto sin entender el mercado, sin una investigación previa, sin alinear tu producto con sus creencias. Así que tampoco lo hagas con tu presentación.

7

LA CONFIANZA EN UNO MISMO

Esto es lo esencial. Lo que marca la diferencia. La confianza en uno mismo es atractiva. Sexy, incluso. Acercarte a tu verdadero yo significa que puedes dejar de proyectar el falso.

Este capítulo trata sobre la confianza en uno mismo. Sobre por qué hay personas que tienen dificultades con esto. Cómo varía de una situación a otra. Analiza y ayuda a definir los pensamientos limitantes. Quién los puso ahí. Por qué. Ahonda en cómo se pueden heredar. En que nos resultan cómodos (como un par de pantuflas) pero esto no es útil para nadie (como las pantuflas desgastadas). Examina cómo deshacerte de ellos. A continuación, esboza una serie de sencillas estrategias para aumentar la seguridad en uno mismo y lidiar con la podredumbre que la erosiona.

La confianza en uno mismo es clave para dar una buena charla. No equivale a tener carisma (te puedo enseñar a tener confianza en ti mismo, pero el carisma es más complicado, más innato). La confianza en uno mismo no es ego (ser bueno en algo y saberlo no es tener ego; ser mediocre o malo en algo y pensar que eres fantástico, eso es ego). La confianza en uno mismo tampoco es alardear. Es mostrarse creyendo en uno mismo y siendo consciente de las propias debilidades y fortalezas. No es fanfarronear, embaucar ni venderse. Es estar absolutamente seguro de quién eres.

La confianza en uno mismo es realmente compleja. Algunas personas parecen nacer con ella. Hay investigaciones interesantes al respecto que sugieren que tener confianza en uno mismo es una cuestión genética: se cree que puede depender hasta en un 50 % de los genes. Otros individuos son capaces de desarrollar la confianza en sí mismos (he ahí el otro 50 %, entonces); y hay quienes acaban perdiéndola a causa de los demás (tanto por amor como por odio) conforme crecen. Pero la buena noticia es que podemos hacer muchas cosas, y sencillas, para mejorar la confianza en nosotros mismos.

Primero me gustaría que pensaras sobre qué es la confianza en uno mismo. No es una cualidad fija. A veces, en una misma situación, podemos sentirnos más seguros de nosotros mismos, o menos. A veces nuestra confianza se ve afectada por cosas que no tienen nada que ver con lo que estamos haciendo. Otras, se ve reforzada (o socavada) por la ropa que elegimos para un evento (esto roza la ceremonia y el ritual, pero hablaremos de ello más tarde).

La confianza en uno mismo es el resultado de los pensamientos que tenemos, de nuestras acciones y de cómo nos sentimos en relación con nosotros mismos. No cabe duda de que en lo anterior influyen los demás, las situaciones externas, influye el viaje al evento o la etapa de la vida en la que estemos. Y, por suerte, una parte se puede corregir.

CREENCIAS LIMITANTES

Antes de pasar a los consejos y los trucos, las estrategias y las maneras de enfocarlo, me gustaría hablar sobre las creencias limitantes. Como hemos mencionado antes, una de las cosas que nos frena en términos de confianza en nosotros mismos (y en muchos otros también) son las creencias limitantes. ¿Qué es una creencia limitante? Es una visión de nosotros mismos que nos empequeñece, que limita la persona que podríamos llegar a ser. Es una visión fija de nosotros mismos que nos define estrechamente, que nos debilita. La hemos normalizado hasta el punto de que ni siquiera somos conscientes de las limitaciones que impone a nuestro pensamiento. Están ahí desde hace tanto tiempo que se han vuelto invisibles. Es un poco como arrastrar una gran mochila con piedras de aquí para allá. Te acostumbras tanto a su peso que solo lo notas cuando te la quitas. La mochila se ha convertido en parte de ti. Lo mismo ocurre con las creencias limitantes o los miedos. Solo te das cuenta de lo limitantes que son una vez que ya no están. Así que, ¿cómo nos los quitamos de encima?

En 1873 el zoólogo alemán Karl Möbius realizó un experimento legendario que demuestra en qué consiste lo anterior maravillosamente. Möbius colocó un lucio (un gran pez carnívoro) en un tanque de agua. Después, liberó también algunos peces más pequeños. Como el lucio era carnívoro, se los comió. Seguidamente, Möbius colocó en el tanque una gran campana de vidrio abierta por arriba y por abajo. El lucio quedó fuera de la campana de cristal. Y dentro, el zoólogo liberó más peces pequeños. El lucio podía ver los peces, pero no la campana de cristal. Excelente, pensó, la cena. Se lanzó contra los pececillos, pero lo único que obtuvo fue un golpe en la nariz. Intentó comérselos varias veces, pero en cada ocasión se lastimaba y se deprimía más. Finalmente, pareció darse por vencido. Se hundió hasta el fondo del tanque con aspecto triste. Entonces, Möbius levantó la campana de cristal. Ya no había nada entre el lucio y los pececitos. Sin embargo, el lucio se quedó donde estaba. Los peces más pequeños nadaban libres por todas partes. Le pasaban al lucio por encima, por al lado y por delante de la nariz. Aun así, este no se movió. No intentó comérselos. Su creencia limitante era que no podía. Así que ni siquiera lo intentó.

Otros repitieron este experimento, cuando todavía no había conciencia sobre el maltrato animal. ¿Qué crees que pasó con el lucio? Exactamente. Se murió de hambre. Se murió de hambre incluso estando rodeado de comida. Nos arruinamos incluso estando rodeados de grandes oportunidades de negocio. Nos cuesta encontrar al personal adecuado, aunque a nuestro alrededor existan los mejores talentos del mundo. No logramos hacernos oír a pesar de todas las palabras que tenemos a nuestra disposición. Nos quedamos sin ideas en medio de un mar de estímulos. Nuestras creencias limitantes nos retienen donde estamos. No podemos crecer como negocio porque no hacemos «esa» cosa en concreto, porque no fichamos a esas personas, porque no somos lo suficientemente valientes como para hablar con esos potenciales clientes o llevar a cabo esa presentación. No crecemos como personas porque nuestra zona de confort es demasiado cómoda. Porque no podemos expresar nuestras ideas, nuestros deseos, nuestros puntos de vista, expresarnos a nosotros mismos; nos quedamos pequeños. Nos mantenemos a salvo. Son creencias limitantes que, si bien puede que te hayan ayudado a mantenerte a salvo en el pasado, ahora te tienen secuestrado. Es hora de darles las gracias y deshacerte de ellas.

A medida que avanzamos en la vida es muy común adoptar ciertas creencias limitantes. Algunas provienen de nuestros padres (en su mayoría para protegernos, pero a veces para que no les hagamos sentir que no estuvieron «a la altura»); a veces, de nuestros colegas o jefes en el trabajo (responden casi siempre a que no quieren que los superemos, o a que nos quieren controlar; en mis treinta años de trayectoria lo he visto a menudo, incluso en aquellas personas que —supuestamente— se dedicaban a construir equipos; todos movidos por el miedo).

También es muy común que alguien te robe la voz. Lo hacen insinuando que lo que dices no es importante. Puede ser simplemente no escuchándote o puede expresarse de forma más patente. Tanto en el trabajo como en casa, despreciar lo que la gente dice es muy común. Nadie tiene derecho a silenciarte. Tus palabras importan y merecen ser escuchadas. En mis talleres veo esto una y otra vez, y desgraciadamente es más habitual que los hombres roben las palabras a las mujeres que al revés.

Este tema de las creencias limitantes es complejo. Para demostrártelo, quiero hablarte de las pulgas. Sí, pulgas. En los circos de pulgas (sí, todavía existen) entrenan a las pulgas limitando la altura a la que pueden saltar. Las pulgas son increíbles saltadoras y pueden alcanzar los 60 cm de un salto. Pero en los circos de pulgas quizá no hace falta que salten más de 20 cm. ¿Cómo las adiestran para lograrlo? Las colocan en una jarra de 20 cm de alto que cierran con una tapa. Las dejan ahí durante tres días. Transcurrido ese tiempo, puedes quitar la tapa sin que las pulgas salten fuera. Puedes sacarlas de la jarra y solo saltarán 20 cm. Fascinante, ¿no es cierto? Pues no es la parte más sorprendente de la historia. Cuando esas pulgas se reproducen y tienen huevos, cuando esos huevos eclosionan y se convierten en larvas y esas larvas, con el tiempo, en pulgas adultas, ¿cuánto crees que saltarán? Eso es: 20 cm y no más.

Las pulgas heredan las creencias limitantes de sus progenitores. Nosotros también. Puede que tengas miedo al dinero porque tus padres también lo tienen, puede que temas la interacción social al igual que ellos, puede que te mantengas «pequeño» porque tus padres hicieron lo mismo, o que temas ser visto o escuchado porque tus padres también lo temieron. Como dijo J. K. Rowling en su discurso de graduación de Harvard:

«HAY UNA FECHA DE CADUCIDAD PARA CULPAR A TUS PADRES.»

Agradece a tus padres haberte mantenido a salvo y, luego, deshazte de esas limitaciones y conviértete en la persona que siempre quisiste ser. Tus creencias limitantes te han mantenido en tu zona de confort y han triunfado en ello, pero ya no te sirven. Es hora de seguir adelante.

CÓMO AUMENTAR LA CONFIANZA EN TI MISMO

Entonces, ¿cómo mejoramos la confianza en nosotros mismos? ¿Cómo la aumentamos a la hora de hablar en público?

Tengo unas cuantas sugerencias para ayudarte.

1. PASA MÁS TIEMPO CONTIGO MISMO

Hoy en día ya no nos aburrimos. No pasamos tiempo con nuestro propio desasosiego. ¿Cuál fue la última vez que estuviste solo sin móvil? Con un teléfono nunca estás solo. La mejor manera de mejorar la confianza en ti mismo es trabajar en quien eres. Y cuanto antes lo hagas, mejor. Con todo esto quiero decir que necesitas aprender a gustarte, a conocerte y amarte. Hablo de ser capaz de mirar al espejo y que te guste la persona que ves. Y para esto necesitamos pasar tiempo con nosotros mismos. No me importa cómo lo hagas. Puedes hacer jardinería, correr, nadar, caminar, meditar, realmente no me importa; la clave está en pasar tiempo solo y sin distracciones.

2. REPASA TODAS LAS PREGUNTAS POSIBLES

Uno de los grandes miedos que tenemos a la hora de hablar en público tiene que ver con las preguntas difíciles. Preguntas que no sabemos responder. Existen dos maneras de gestionarlo. Primero, localiza a esa persona realmente complicada en el trabajo / estudio / grupo de amigos / familia.

Háblales de tu presentación (la idea y la historia) y averigua qué preguntas te harían. Están programados para el reto. Se trata de una habilidad, así que úsalos para esto.

En segundo lugar, sé honesto. Si alguien te hace una pregunta para la que no tienes respuesta, di simplemente: «Es una gran pregunta, no sé la respuesta, pero la encontraré». Y no olvides responderles.

Es posible que durante una presentación te encuentres con alguien a quien simplemente no le caes bien y quiera hacerte tropezar. Es complicado y la mejor estrategia es neutralizarlo. «Seguramente no nos pondremos de acuerdo en esto, pero ¿por qué no lo hablamos después?» El público te apoyará sin reparos. Puedes debatir con esta persona después (si hiciera falta) y continuar con la charla. Me pasó hace poco en relación con la falta de sostenibilidad de un frasco de vidrio envuelto en plástico. Me rebatieron. Agradecí su punto de vista, pero insistí en que no era la mejor opción a nivel medioambiental. Me volvieron a rebatir una segunda y tercera vez. Así que me limité a decir: «No estoy de acuerdo y es poco probable que lleguemos a un consenso. Hablemos después». Esto ahorró al público la discusión y me permitió proseguir con el resto de la charla.

3. AGRADECE LA OPORTUNIDAD

No le piden a todo el mundo que dé una charla. Solo a ti. Esto significa que te valoran y confían en ti, que alguien piensa que tu punto de vista es interesante y tienes ideas frescas. Así que no defraudes, no vayas a lo seguro. Es hora de ponerse en pie y demostrar. Para muchas personas, estar ante el público significa perder el control. Dale la vuelta. Estar ante el público es tener todo el control. Puedo hacer que pienses en un globo rosa solo con pronunciar las palabras. Puedo hacerte reír, puedo hacerte llorar. Estar ante otras personas es como ser un DJ con ideas y emociones. Cuando entramos en pánico, cuando nos tambaleamos, frenar es tentador. Pero, como cualquier aficionado a la bici de montaña te podría explicar, la velocidad es tu amiga: dale con todo.

4. ENSAYA

Pero no en exceso. Odio ensayar. Me quita espontaneidad y mi estilo relajado. Pero reconozco que una presentación es mejor a la décima ocasión que en la primera. Tengo un amigo. Ensaya un montón. Una vez repitió una presentación a un gran minorista del Reino Unido veintiséis veces. Después le dijeron que había sido la mejor presentación que habían visto. Ahora lo ensaya todo veintiséis veces. Así que esto ha pasado de ensayo a ritual. Como ponerse la bota izquierda primero y luego la derecha antes de un partido importante. Esos múltiples ensayos le ayudan con sus charlas, independientemente del «por qué». Yo no ensayo, Brené Brown tampoco. Descubre cuánto te hace falta ensayar a ti. Y, entonces, mantente en eso.

5. SÉ CONSCIENTE DE TUS CREENCIAS LIMITANTES

Conoce cuáles son. Siéntete cómodo con ellas como parte de ti. Ponlas en su sitio. Su lugar no es tu cabeza ni, ahora, este escenario.

6. COMPRUEBA TUS DIAPOSITIVAS

Aunque parezca una simpleza, es realmente importante. Asegúrate de que sabes el orden en el que van, de que no haya faltas ortográficas ni gramaticales, de que son las diapositivas correctas. Suena torpe, pero una vez comencé una presentación para un foro sobre reciclaje con una serie de diapositivas que había estado escribiendo en el tren para un foro de ventilación y aire acondicionado. Fue, como mínimo, bochornoso; es difícil salir de algo así. Lo único que puedes hacer es admitir tu error y pasar a la serie de diapositivas correcta.

Si estás usando tu ordenador portátil, también tienes que ser consciente de qué otras ventanas se han quedado abiertas. Las notificaciones de *email* que aparecen en la esquina superior derecha distraen mucho. Sé consciente de qué más queda a la vista. Una vez asistí a una gran charla sobre *blockchain* que comenzó con la presentadora conectando su portátil y dejando a la vista su saldo bancario. No fue muy positivo. Eso la desanimó, debilitó la confianza del público y arruinó la que podía haber sido una gran charla. Así que apaga todo excepto tu pase de diapositivas. Lo último que necesitas es tener que preocuparte por la tecnología. Llega antes para asegurarte de que todo funciona.

7. NO OLVIDES RESPIRAR

Todo eso es fantástico, pero todavía estás temblando como una hoja, ¿verdad? ¿Estás absolutamente asustado? Eso es pánico. El pánico es debilitante. Puede acabar en hiperventilación y la incapacidad de pensar claramente o hablar con coherencia. No es tu amigo. Pasar algo de nervios, bueno, eso está bien. De hecho, estar un poco nervioso está bien. Mis peores presentaciones las hago cuando no lo estoy. Cuando más nervioso me pongo es durante la subasta en las Do Lectures. Consiste en recaudar dinero para buenas causas vendiendo experiencias con los conferenciantes. Puede ser escalar el Kilimanjaro con Charlie Engle, o elaborar tu propia reserva de ginebra sin alcohol con el fundador de Seedlip, Ben Branson. En resumen, las cosas que el dinero normalmente no puede comprar. ¿Por qué me pongo nervioso? Porque es muy importante. Porque el dinero que recaudamos se dona a una organización humanitaria y hay gente que puede vivir o morir como consecuencia de ello. Es una subasta, pero yo lo estructuro como una performance. En la primera parte hay inspiración, un poco de autocrítica, temas que se mantienen (hilos dorados), humor y un gran final. Hago participar al público, a veces los apremio. Es absolutamente agotador y me tengo que acordar de respirar conscientemente, pero eso es lo que me permite hacerlo.

CONTROLAR LOS NERVIOS

Respirar es una de las tres cosas que hago para controlar los nervios. La técnica de respiración que describo a continuación se llama respiración de fosas alternas. Es un proceso sencillo que sirve para ralentizar la respiración hasta cinco por minuto. Se ha demostrado clínicamente que de cinco a seis respiraciones por minuto reducen la ansiedad, aumentan la relajación y la variabilidad del ritmo cardíaco (mantente atento a la variabilidad de tu ritmo cardíaco; se ha convertido prácticamente en un indicador de salud cardiovascular, carga de estrés y bienestar general). Se hace así:

1. Siéntate en una posición cómoda.

2. Coloca tu mano izquierda en tu regazo.

3. Levanta tu mano derecha hasta la nariz y espira completamente.

4. Utiliza tu pulgar derecho para tapar tu fosa nasal derecha.

5. Inspira a través de tu fosa nasal izquierda mientras cuentas hasta ocho y entonces cierra la fosa nasal izquierda con un dedo.

6. Abre la fosa nasal derecha y espira a través de ella mientras cuentas hasta cuatro.

7. Inspira a través de la fosa nasal derecha mientras cuentas hasta ocho y entonces tápala.

8. Destapa la fosa nasal izquierda y espira por la izquierda mientras cuentas hasta cuatro.

9. Repite a partir del paso 4.

10. Continúa hasta un máximo de cinco minutos.

Respirar es una parte muy importante de hablar en público, como lo es de cantar. No intentes tomar aire, intenta no respirar demasiado. Hacerlo es bastante habitual. Tomar y expulsar demasiado oxígeno a menudo se vuelve adictivo. Hazlo más despacio. Intenta respirar por la nariz todo el tiempo, incluso cuando hagas ejercicios suaves. Un signo clásico de respirar demasiado es hacerlo por la boca. Si tú eres un respirador bucal, lo más seguro es que respires demasiado, y hacerlo tiene como consecuencia que, cuando hablas, la respiración se acelera y tu tono es más nasal. Babear durante el sueño también es signo de respirar demasiado. Respirar por la nariz tiene muchos beneficios físicos y para la salud, y de todos ellos habla el libro de Patrick McKeown *The Oxygen Advantage*, que contiene también una serie de ejercicios diseñados para corregirlo.

Los nervios y el pánico desordenan la mente. El secreto es darse cuenta, pero ver más allá. La segunda técnica que uso es un sencillo ejercicio de meditación. Se llama RAIN (por sus siglas en inglés) y hay muchas páginas web donde la explican. Pero aquí va mi simple descripción.

DARSE CUENTA [RECOGNISING]

Date cuenta de lo que está sucediendo en tu mente: ansiedad, miedo, estrés. Identifícalo. Por ejemplo, esto es miedo, te reconozco. ¿En qué parte de mi cuerpo lo siento? Presión en el pecho; tensión; ritmo cardíaco. Me doy cuenta y le pongo nombre. Hola, Miedo, mi viejo amigo.

PERMITIR [ALLOWING]

No lo apartes. No te critiques por sentirte así. ¿Por qué añadir una segunda capa cuando ya te sientes fatal? Le otorga más poder al sentimiento. Lo que quiera que sientas está bien. Permítete sentir las emociones y las cosas físicas. No añadas aún más juicios.

INVESTIGAR [INVESTIGATING]

Sé amable y presta toda tu atención a la experiencia. ¿Hay algo que la pide? ¿Hay algo que domina? Regístralo mentalmente y acéptalo sin descartarlo. ¿Cómo se siente tu cuerpo ahora mismo? ¿Dónde están la tensión o el movimiento? ¿Están cambiando las sensaciones? Investiga cómo estás viendo las cosas. ¿Puedes permitir lo que sucede o lo estás viendo a través de un filtro o unas lentes? ¿Qué opiniones te estás creando?

NO IDENTIFICARSE [NON-IDENTIFYING]

Lo mejor es no considerar el sentimiento que experimentas parte de ti al 100 %. Eres más que eso. Obsérvalo con imparcialidad, pero no te identifiques con él. Relaja la mente y piensa en la metáfora del cielo/nubes. El cielo no cambia cuando pasan las nubes. El cielo no es el tiempo que hace. El cielo es el cielo. Tu mente es más grande y está separada de las cosas en las que está pensando ahora.

Todo esto puede sonar un poco hippie. Pero yo soy un gran fan de la meditación. Me aporta calma y perspectiva.

Lo tercero que hago antes de subirme al escenario es un poco de concentración qigong. Soy plenamente consciente de que cuando lo hago tengo un aspecto ridículo, como si estuviera ayudando a aterrizar un avión. Pero me funciona. Igual que los 26 ensayos de mi amigo, probablemente se ha convertido en un ritual. No me importa. Sigo haciéndolo. Es así: me quedo recto, de pie. Coloco ambos brazos rectos hacia abajo y con las palmas hacia arriba. A las seis en punto. Entonces respiro y cuento hasta ocho, y poco a poco levanto mi brazo derecho en un movimiento circular hacia la derecha. A los ocho segundos serán las doce en punto y luego cuento hasta cuatro mientras lo bajo por delante de mi cuerpo para ir al encuentro de mi mano izquierda. Entonces repito el proceso con el otro lado y mi mano izquierda. Completo cuatro o seis ciclos.

Los más observadores de entre vosotros os habréis dado cuenta de que la secuencia de respiración (ocho segundos inspirar y cuatro espirar) es la misma que usé en la respiración de fosas alternas. Como aquel ejercicio, centrarse es una forma de calmar la respiración y por lo tanto el corazón y, esperemos, la mente.

La respiración te ayuda a hacer cualquier cosa que te incomode. Así que no combatas tu respiración. Trabaja con ella.

8
TÉCNICA

Yo no puedo ser tú, y tú no puedes ser yo. Yo no puedo ser Steve Jobs, y tú no puedes ser Brené Brown. Todo lo que podemos ser es nosotros mismos. Y es suficiente.

Es importante recordar que, aunque las presentaciones son *performances*, no son actuaciones. En el escenario no eres otra persona, sino la mejor versión de ti mismo. Hablaremos de esto más tarde.

El secreto es conocer qué te hace único, encontrar lo que te distingue y singulariza. Las cosas que te hacían peculiar cuando eras niño, las cosas que intentaste dejar de hacer cuando te convertiste en adolescente; eso es lo que estamos buscando ahora. Necesitas entender esas cosas y utilizarlas a tu favor. Son tu personalidad de presentación, tu huella digital. Son tus aliadas.

Si eres vivaz y energético, haz algo con ello. Es imposible ver a Gavin Strange en las Do Lectures sin percatarse de su gran nivel de energía mientras corre por el escenario. Engancha y cautiva, es un estilo perfecto para él. La presentación de Louisa Thomsen Brits, por el contrario, fue una experiencia serena. Subió al escenario con silenciosa elegancia. Se sentó con las piernas cruzadas, se inclinó hacia delante y habló dulcemente. El tejado del edificio descendió acercándose a ella, todos nos inclinamos hacia delante para acercarnos. Su estilo hizo que escucháramos con más atención. La charla de Tim Smit en las Do Lectures, en cambio, fue fluida y relajada. Como si estuviéramos conversando con él. Resultó brillante y hacía que lo sintieras muy cerca. Los tres tienen estilos totalmente diferentes y los tres funcionan de maravilla.

Lo mejor que puedes hacer es recordarte a ti mismo en un buen día; no, en un gran día. Todos hemos protagonizado presentaciones en las que hemos brillado, en las que la gente quería más, donde las palabras flotaban libremente y creábamos imágenes juntamente con el público. Eso es lo que intentamos canalizar, esa es la *performance* que necesitamos: estar en nuestro elemento. Para lograr estar en *tu* elemento necesitas esforzarte menos en ser algo que no eres.

En lo que a la técnica respecta, cabe considerar un par de cosas. No existen reglas fijas, no hay nada que no debas hacer. Podemos olvidarnos de todas esas «reglas de oro» irremediablemente presentes en toda formación para hablar en público desde la creación del PowerPoint. Y sí, también hablaré del PowerPoint. De hecho, lo haré en primer lugar.

PAUTAS PARA LAS DIAPOSITIVAS

La frase «Muerte por PowerPoint» es injusta. PowerPoint no mata a nadie, lo hacen las personas que realizan presentaciones. Pero todos sabemos a qué nos referimos con ello. Tengo la suerte (creo) de haber empezado a presentar en la era de las diapositivas. Los presentadores llevaban consigo su propio carrusel de diapositivas y la presentación avanzaba al ritmo del clic del mecanismo. El público tenía que sentarse a oscuras para poder ver la proyección. A menudo las diapositivas estaban boca abajo o del lado equivocado. Era una pesadilla. Entonces llegaron los retroproyectores. Usábamos un procesador de texto para escribir el contenido que imprimíamos en un folio de plástico, que se insertaba, después, en el proyector. Como no existían elementos de transición, había que cubrir la transparencia con un trozo de papel e ir bajándolo poco a poco mientras presentabas. Las imágenes eran horribles y más valía no usar ninguna. Espantoso. Entonces llegó PowerPoint.

Fue una revelación. Las imágenes funcionaban. Ayudaban a generar suspense y construir historias. Pero las transiciones..., bueno, eran terribles. Los sonidos anunciaban las palabras que llegaban volando. Era la anarquía y solo servía para distraer del mensaje. Este es el punto con el tema de las diapositivas. Existen por dos razones: la primera es aportar énfasis, profundidad o emoción a tu historia. La segunda es conservar la estructura.

Esto significa que tus diapositivas tienen que aportar algo a tu presentación, pero nunca cruzarse en su camino. Una de mis principales recomendaciones es crear toda una sección sin diapositivas. Sí. Apretar el botón mágico del mando a distancia que hace que la pantalla se ponga negra (o insertar una diapositiva negra en la serie), dejarlo sobre la mesa, caminar al centro del escenario y pronunciar parte de la charla sin ninguna diapositiva está bien. Conoces la historia que quieres contar, sabes que puedes hacerlo y pareces muy seguro de ti mismo. Incluso aunque necesites diapositivas, te recomiendo de corazón que hagas parte de la presentación sin ellas.

Pero qué duda cabe de que alguna habrá. Estas son las cosas que me han funcionado a mí:

1. FUENTES

Que sean sencillas. Me encanta Helvética. Es una fuente sin serifa y, aunque es bastante apretada, permite diferenciar fácilmente entre la a, la e y la o. Lo cual ayuda, y mucho, a las personas con dislexia. Otras fuentes sin serifa también son acertadas, como la Gill Sans. Pero todo esto es cuestión de gustos, así que no te voy a decir lo que tienes que hacer más allá de que sea algo sencillo.

2. TRANSICIONES

Sinceramente, yo no las uso. Si tú lo haces, asegúrate de que son sencillas y no distraen.

3. RUIDO

Intenta reducir los logos, los mensajes de marca y diapositivas «decorativas» al mínimo. Las plantillas son tu enemigo.

4. IMÁGENES

Las imágenes son ganadoras. Una imagen sustituye a muchas palabras. Mirar imágenes es más bonito que mirar palabras. Las imágenes son internacionales. Búscalas en Creative Commons (las que puedes usar sin infringir derechos de autor) o usa las tuyas propias. La mayoría de los exploradores permiten encontrar imágenes de Creative Commons con la búsqueda avanzada.

5. CONTENIDO AUDIOVISUAL

Utilizo mucho contenido audiovisual. Con el anuncio de Nike de Walt Stack explico qué es el propósito; un clip corto de Simon Sinek me permite recordar a las personas por qué son importantes; utilizo una película de Derek Redmond de los Juegos Olímpicos de 1992 para hablar sobre la perseverancia, las marcas y los padres; y otra de una banda de rock canadiense para hablar de la tercera revolución del marketing, el final del control. Uso un anuncio de productos sanitarios para evidenciar la misoginia; clips de Martin Luther King y James Baldwin para hablar del racismo; y música pop de los años 70 y 80 para demostrar, literalmente, cualquier cosa. El vídeo y el audio pueden hacer llegar el mensaje de manera más rápida y hermosa que yo. Pero úsalos solo si aportan algo, si llevan tu charla a otro nivel. Se pueden utilizar realmente mal. He visto a un conferenciante mostrar cuatro videos sobre su empresa de tirolinas en una charla que en principio no era una presentación comercial. El vídeo y el audio no están para servir de relleno, para que pasen los minutos. Haz que los minutos aporten y usa el vídeo y el audio solo si mejoran tu charla.

LA POSICIÓN CORPORAL

Tras el tema de las diapositivas, lo que más me pregunta la gente antes de subir al escenario es qué hacer con su cuerpo. No te coloques detrás del atril. A no ser que este cuente con el único micrófono del escenario y el espacio haga necesario su uso. Pide siempre un micrófono de corbata o de diadema o, si estos no están disponibles, uno de mano. El atril te tapará, y este es tu momento. Colócate donde haya la luz que te mereces, de manera que se vea toda tu figura. Ve al centro del escenario y habla desde ahí. Es cierto, puede que necesites algunos apuntes y está bien que los tengas en el atril. Siempre te puedes acercar si los necesitas. Moverse no es un problema. Está bien que camines hacia ellos. Lo mismo si necesitas beber.

Que se te vea firme. Un buen amigo y fotógrafo me dijo una vez que la clave para que te saquen una gran fotografía es imaginar que todas las personas que te quieren, todos tus logros, están justo detrás de ti. Siéntete orgulloso de tus éxitos. Yo uso esta técnica en el escenario. En su libro *Legacy*, James Kerr habla de uno de los procesos de iniciación que atraviesan los jugadores del New Zealand All Blacks. Cuando les dan su camiseta, se les pide que se la pongan y que imaginen a todos los jugadores que ocuparon esa posición antes que ellos, todos los gigantes, las historias y los mitos. Después les piden que se imaginen a todos los grandes jugadores que vendrán después. De pie, frente a ellos. Se trata de una imagen muy potente. A continuación, han de pensar en lo importantes que son ellos en esa línea, sentir el orgullo de estar ahí, en primer lugar, y la sensación de poder que acarrea, así como, claro está, en la responsabilidad. Tus éxitos detrás de ti. El futuro (oportunidad) ante ti. Cuando subas al escenario intenta imaginar que todos los éxitos que has obtenido y todas las personas que te aman y se preocupan por ti están sentados detrás de ti.

MOVERSE POR EL ESCENARIO

Aquí no hay reglas. Si estás animado, muévete; no lo hagas si no lo estás. Yo me muevo mucho. Camino por el escenario y «represento» situaciones. Pero también me paso secciones enteras completamente quieto. Valoro ambas cosas y, en realidad, depende de tu personalidad y tu estilo. No corras de un lado a otro si no eres así. No intentes ser Gavin Strange si eres una persona tranquila, y no intentes quedarte quieto como Louisa Thomsen Brits si tiendes a moverte por el escenario. Muévete o quédate quieto según tus ganas. Buscamos una versión mejorada de ti, en lugar de que intentes ser otro.

PAUSAS Y SILENCIOS

Los espacios entre las palabras y las frases son importantes. Mis talleres comienzan con una corta intervención de cada uno de los participantes y normalmente uno o dos de ellos emite un «emmmmm» entre las frases. No es que no se les ocurra nada o pierdan el hilo; normalmente sucede porque no quieren que haya silencios. Si los hay, entonces alguien podría aprovechar para lanzarles una pregunta complicada, o podría dar la impresión de que han olvidado lo que sigue.

Los silencios demuestran seguridad. Los silencios se pueden usar para enfatizar o dramatizar (sin exagerar). No les tengas miedo.

UTILIZA LAS PALABRAS NECESARIAS, NO TODAS LAS PALABRAS.

UTILIZAR APUNTES

Usar apuntes está bien. Existe la percepción equivocada de que «no llevar apuntes» es el Santo Grial de las habilidades para hablar en público. Por supuesto, presentar sin apuntes es más refinado. Pero a veces necesitamos ayuda para recordar cosas. Mi lucha personal son las estadísticas, y escribir un esquema básico me ayuda. Las diapositivas proporcionan una estructura, por supuesto, pero cuando presento sin ellas, como en los eventos de OneTrackMinds, a veces llevo una lista escrita de temas. No es algo detallado, sino simples palabras que me sirven de recordatorio. Lo comparo con conducir un coche en los años 80, cuando todavía no existían los navegadores. Si viajaba desde mi casa en Leicester a Swanage (maravillosa localidad de vacaciones), lo único que llevaba conmigo era una lista con las ciudades apuntadas.

Home
Fosseway
Brinklow
Bourton
Moreton-in-the-Marsh
Stow
Cirencester
Swindon
Salisbury
Blandford
Wareham
Swanage.

Y mis notas de OneTrackMinds eran así:

No hace falta entrar en detalles. Necesitas forma, necesitas tener algo que te indique la siguiente parada, la siguiente historia. Si necesitas saber la concentración actual de dióxido de carbono en la atmósfera al hablar de los Smiths (sí, a veces lo hago) entonces escribe 348 ppm al lado (ahora estamos a 411 ppm, no es bueno). Si lo necesitas, puedes incluso escribir cosas en la palma de tu mano. No utilíces el teléfono. Hay que encenderlo, proyecta una luz terrible en tu cara y queda fatal.

APRENDER DE LOS COMEDIANTES DE *STAND-UP*

Si bien YouTube, la página de Do Lectures y las plataformas de TED y TEDx están llenas de muchas y muy buenas charlas, vale la pena explorar la web en un sentido más amplio para encontrar inspiración.

Soy un gran fan de ver vídeos y escuchar *podcasts* que explican la estructura de pensamiento que se encuentra en el corazón del *stand-up*. Me topé con esto una noche. Sufro de un ligero insomnio. Me quedo dormido con facilidad, pero cuando me despierto sobre las 3 de la mañana no me puedo volver a dormir. Una vez, intentando ocupar esas horas de la noche, busqué en Google los vídeos de mi cómico favorito, Stewart Lee. Después de ver un par de videos de sus monólogos, de manera automática apareció una charla suya explicando la estructura de su arte. Me atrapó. Me senté en la cama, tomé un boli y garabateé cantidad de notas. Estas son algunas de las cosas que aprendí.

— **No estás representando un papel.** Estás proyectando una mejor versión de ti mismo. Es algo que se puede aprender de los comediantes, pero también del músico David Byrne, quien siguió los consejos de una de las mejores coreógrafas de la historia, Toni Basil, para actuar en salas grandes. Para que Byrne pudiera exportar su extravagante espectáculo desde un escenario más pequeño hasta uno más grande, el único consejo de Basil fue que se pusiera un traje extragrande. Esto acentuó su característica extravagancia y le hizo más visible.

— **El ritmo lo es todo.** Quiero decir *todo*. Tu presentación es una *performance* y las diapositivas tienen que cambiar en el momento adecuado, tu ejecución tiene que seguir los tiempos adecuados y tú necesitas tener paciencia con tus frases.

— **Nada sucede por accidente.** La estructura es clave, incluso si quieres que parezca que en tu charla no la hay.

— **Tus bromas deberían ser sobre ti mismo**, sobre tu tribu, no sobre otras personas. Pero recuerda no pasarte con la autocrítica.

— **Las pausas son una señal de fortaleza**, no de debilidad.

— Finalmente, recuerda, por favor, que **no eres un cómico**; incluso aunque seas más gracioso que la media.

Si quieres aprender a mantener en vilo a la sala, estructurar una *performance* y ganarte al público, recibe clases de un monologuista. Pero también de cantantes. Liam Gallagher, de Oasis, es un buen ejemplo. Mide unos 172 cm. No es que sea enorme. Independientemente de la estación del año, Gallagher se viste como si fuera invierno. Coloca su micrófono demasiado alto para obligarse a llevar su cabeza hacia arriba y hacia delante.

A pesar de ello, no puedes dejar de mirarlo. Su carisma es innegable. Aunque Oasis no te guste.

Resumiendo, no existen técnicas equivocadas. Viste como quieras, muévete de manera natural, sé tú mismo.

9
FINALIZAR BIEN

¿Conoces esas canciones que simplemente se desvanecen, que van disminuyendo el volumen de manera tan suave que a veces ni siquiera te das cuenta de que han acabado? No es así como hay que cerrar una presentación. Necesitas terminar de manera positiva y la gente necesita saber que ha finalizado.

Hace poco fui a ver actuar a uno de mis héroes. Estaba realmente emocionado y tenía muchas ganas de disfrutar la velada. Sé que es un genio, he leído sus libros, me encantó su programa de televisión, y soy un acérrimo admirador de su arte. Pero su espectáculo en el escenario no me apasionó. Hubo varias razones, pero sobre todo faltaba estructura. Tanto es así que cuando terminó nadie se dio cuenta y tuvo que decir: «Ejem, aquí acaba el espectáculo». Si la gente no percibe que has llegado al final, entonces no lo has hecho bien. He aquí un breve pero importante capítulo sobre cómo cerrar tu presentación.

A mí me gusta hacerme eco de aquello con lo que he comenzado. Habitualmente comienzo con la historia de cómo llevé a mi escuela a la huelga. La idea más importante de esta historia es que el poder conlleva responsabilidad. Como he explicado antes, suelo dejar caer esta frase una o dos veces mientras hablo. Entonces, al final, afirmo que el trabajo del público es potente. Y a continuación uso la imagen de más abajo, una recreación de la última viñeta de la primera tira de *Spiderman* de Stan Lee.

UNA FIGURA DELGADA Y SILENCIOSA SE DESVANECE LENTAMENTE EN LA CRECIENTE OSCURIDAD, CONSCIENTE POR FIN DE QUE EN ESTE MUNDO, CON UN GRAN PODER TAMBIÉN DEBE VENIR... UNA GRAN RESPONSABILIDAD.

Esto lleva al público de vuelta a mi primera historia. Y entonces sigo con...

Sé más izquierda y menos derecha

No hay duda de que se trata del final de la presentación, ni manera de pasar por alto el mensaje, y hay una clara referencia al tema que he ido tejiendo durante la charla. Este final encaja en mi abordaje de la narración de historias.

En cualquier caso, hay muchas otras formas de terminar tu charla. Puedes acabarla con una llamada a la acción. Puedes darle fin con una «respuesta». Puedes terminarla con una intención o un manifiesto para el cambio. Pero hagas lo que hagas: que sea positivo.

CÓMO ACABAR TU CHARLA

1. UNA LLAMADA A LA ACCIÓN

Si estás hablando sobre cambiar comportamientos o haciendo algún tipo de campaña, una forma natural de finalizar es introducir una llamada a la acción. Tiene que ser clara y sencilla. Debe nacer de la tensión de la historia y abrir el camino para que el público te apoye.

La charla de Sean Carasso en las Do Lectures es uno de los mejores ejemplos que he visto. Se trata de una presentación increíblemente emocional sobre la República Democrática del Congo, y Sam utiliza las historias con gran efectividad. También acaba con una llamada a la acción.

2. FINALIZA CON UNA ELECCIÓN

Si tu enfoque narrativo ha sido el de la oscilación, entonces una forma realmente sencilla de terminar es con una pregunta del tipo «o/o». ¿Quieres vivir en un mundo como este o como este otro? ¿Quieres vivir en un mundo de odio o de amor? Has preparado el terreno en tu charla y al terminar, simplemente, lanzas la disyuntiva.

3. ENSEÑANZAS ADQUIRIDAS

Probablemente esta es la manera más sencilla de finalizar una charla. Independientemente de la historia, de tu idea, de si tiene un final triste o feliz, siempre hay unas cuantas enseñanzas que extraer. El mundo parece preferirlas de tres en tres, pero en mi opinión este tipo de reglas están para romperlas. La opción más sencilla es extraer aquello que a ti te hubiera gustado saber antes de que comenzara la historia, o el aprendizaje condensado de la historia. Extráelo y preséntalo como enseñanzas. Deja la más positiva para el final.

4. APORTA UNA RESPUESTA

Si eliges esta opción debes plantar las semillas al principio. Comienza tu charla con una pregunta que respondes en la última frase. Tu historia muestra e ilustra tu aprendizaje, y cierras el círculo al responder la pregunta justo al final.

5. FRASE MEMORABLE

Resume tu charla con una simple cita memorable. Es posible que la más famosa sea «sigue hambriento, sigue alocado», de Steve Jobs. Es similar a la llamada a la acción, pero a un nivel más filosófico.

6. RECAPITULA

Puedes recapitular los puntos más importantes de tu presentación pero, para mi gusto, puede resultar muy torpe e incluso condescendiente. Es el tipo de abordaje «Esto es lo que te voy a decir, esto es lo que te estoy diciendo, esto es lo que te he dicho». Piensa en otra forma de finalizar.

7. UNA PREGUNTA RETÓRICA

Si tu charla es clara, si está basada en la lógica y la emoción y lleva al público a un punto de vista claro, entonces terminar con una pregunta retórica puede ser suficiente. Ric Elias lo hace en una charla inolvidable. Búscala en internet.

Yo planifico mis charlas con el final en mente. Pregunto a los organizadores qué quieren que los asistentes sientan, piensen y hagan al terminar. Este es mi punto de partida: la última casilla en mi *storyboard*. Entonces retomo la primera. Comienzo por el final. Esto nos devuelve al capítulo 6, Tu público. ¿Qué quieres que haga el público después? Tenlo bien presente al comenzar.

Necesitas mantener la calma al final. La tentación es ir desapareciendo. Por favor, no lo hagas. Mantente en el centro del escenario, haz hincapié en tu última idea y quédate donde estás. Después, da las gracias al público y sal del escenario con seguridad y con una sonrisa, caminando lentamente. Márchate con estilo.

Después, la gente querrá hablar contigo. Es una buena señal. Querrán decirte que han disfrutado de tu charla. Es un gesto de amabilidad. Por lo tanto, no rechaces las muestras de agradecimiento que la gente te quiera dar mientras hace cola para ello. Es fácil caer en un exceso de modestia, en esta línea:

«—Te queda fenomenal esa falda/top/traje/sombrero.

—O, este trapo viejo, lo compré en las rebajas / lo encontré en el fondo del armario / hace años que lo tengo.»

¿Por qué hacemos esto? ¿Por qué nos cuesta tanto aceptar cumplidos?

«—Muchas gracias por la presentación, me ha emocionado / cambiado / inspirado de verdad.

—Oh, esta presentación vieja, la encontré en el fondo de mi portátil / la había escrito hace años.»

Si la gente ha hecho cola, si han tenido el valor para hablarte, han hecho el esfuerzo de ir a verte, entonces, por lo menos, agradece lo que te dicen. La mitad de dar es recibir.

Pero no lances puñetazos al aire gritando: «¡Sí, soy el jefe!».

Un poco de modestia te puede llevar muy lejos.

10
DEL ESCENARIO A LA VIDA

Te habrás dado cuenta de que gran parte del contenido de este libro se puede aplicar a otras áreas de la vida. Los consejos y las técnicas, los abordajes y los ejercicios también tienen que ver con encontrar calma, fortaleza, con encontrar tu historia, apaciguar tu mente y recuperar tu voz.

En este libro hemos visto cómo hablar en público, pero ¿qué pasa cuando te bajas del escenario? En los últimos años ha cambiado mucho cómo nos presentamos ante los demás. Gran parte de ese cambio lo han propiciado las redes sociales. Ahora alcanzamos a ver la vida de las personas como nunca. O eso creemos. El problema es que muchos, más que ser, actúan.

Comparamos nuestro «ser» con su «actuar», y esa comparación está algo desequilibrada.

Mi esperanza es que este libro te haya mostrado cómo hablar en público de manera auténtica en un mundo que suele no serlo, un mundo donde las empresas seleccionan lo que vemos sobre ellas, y donde los individuos han empezado a hacer lo mismo. Este filtrado no siempre es auténtico. Con frecuencia es pura actuación. Algunos de mis mejores amigos actúan todo el tiempo. Proyectan una imagen de sí mismos que es fantasía; si hablas con las personas que trabajan para ellos descubres que solo es una proyección; y si te sientas con ellos para tomar una taza de té, esa proyección se desvanece y emerge un yo real que tiene sus dificultades igual que todos los demás. Con frecuencia intentamos ser algo que no somos porque no nos gusta lo que somos, aquello en lo que nos hemos convertido. Es algo habitual, así que, por favor, no te preocupes si te sientes identificado con esto. El problema con un mundo que se está volviendo tan falso es que a veces cuesta reconocer la verdadera autenticidad. La oportunidad aquí es que la autenticidad real es tan infrecuente que, si puedes comunicarla, *volarás*.

Muchas de las lecciones de este libro te las puedes llevar contigo por el resto de tu vida. Las resumo aquí abajo.

1. CONOCER TU CAUSA

¿Para qué estás aquí? ¿Por qué has salido de la cama esta mañana y por qué debería eso importarle a alguien? Este es un punto delicado y filosófico con el que te toparás en algún momento de tu vida. Mi consejo es que reflexiones sobre esto lo antes posible. ¿Qué cosas te importan *de verdad*? No es el dinero. Todos necesitamos el dinero suficiente. Todos necesitamos sobrevivir, incluso progresar. Pero ¿qué has de perseguir para conseguir esa recompensa? Mi consejo es que no vayas tras el dinero, sino por el trabajo bien hecho. De este modo, el dinero te perseguirá a ti. ¿Qué ilumina tu alma y llena tu corazón de alegría? ¿Qué es lo que de verdad te gustaría hacer si «tuvieras todo tu tiempo otra vez»? ¿En qué crees? Por aquí es por donde hay que comenzar. En esto es en lo que nos hemos de centrar antes que nada y, aunque se trata de una vieja idea, las grandes ideas como esta no tienen fecha de caducidad. ¿Qué harías con tu vida si supieras cuánto tiempo te queda? ¿Qué te gustaría explicar a tus hijos/nietos/sobrinos que hiciste? Ve y hazlo.

2. APRENDE A GUSTARTE A TI MISMO

No, no a *gustarte*, aprende a *amarte* a ti mismo. El autodesprecio no trae nada bueno, la autocrítica excesiva tampoco. Sentirse libre para gustarse, amarse y estar orgulloso de uno mismo tiene beneficios enormes y a largo plazo. Pasa más tiempo contigo mismo y evita las actividades que te lo impiden. Es muy fácil continuar a toda prisa. Seguir moviéndose. No sentarse. Pero ¿de qué escapas? Gil Scott Heron escribió una gran canción llamada *Running* de la que mi frase favorita es:

> ### *«SIEMPRE TENGO GANAS DE CORRER, PERO NO ESCAPAR A OTRO LUGAR PORQUE OTRO LUGAR NO EXISTE.»*

Y esa es la verdad. Otro lugar no existe. A veces no tienes más que parar y mirarte en el espejo. ¿Te gusta lo que ves? Si no es así, cambia lo que eres. Empieza por conocer quién eres. Para hacerlo, comienza con una amable introspección, que no tiene por qué ser meditación necesariamente. Cualquier actividad en solitario (correr, nadar, etc.) que implique que estés contigo mismo. Tanto la meditación como el yoga están muy bien, pero haz lo que más te guste.

3. APRENDE A CUIDAR DE TI MISMO

Todos conocéis las indicaciones que se dan cuando explican las medidas de seguridad de un avión:

> **«En caso de pérdida de presión, las máscaras de oxígeno caerán del techo. Por favor, colóquese la suya antes de ayudar a los demás.»**

Esto es cierto. Si no estás bien, ¿cómo vas a ayudar a aquellas personas de las que te ocupas? Primero aprende a cuidar de ti mismo. Te pueden ayudar una serie de cosas muy sencillas:

Dormir

Dormir es superimportante y (hasta hace relativamente poco) nos lo hemos tomado muy a la ligera. Ya sabes, eso de «dormir es de flojos», «me basta con dormir cuatro horas», «dormir es una pérdida de tiempo». Pero en los últimos años la ciencia del sueño ha avanzado enormemente. Ahora sabemos más de los ciclos del sueño y esto ha corroborado como cierto el mito de las ocho horas de sueño. En su libro *Sleep*, Nick Littlehales explica los ciclos de sueño de 90 minutos. Alcanzar cinco de estos ciclos cada noche es la clave. No hace falta que estén todos juntos. A mí esto me ha ayudado a deshacerme del pánico al insomnio. Si me despierto a las 3 de la mañana, no importa. Para entonces ya he pasado por tres ciclos de 90 minutos, y solo necesito dos más (y sé que puedo funcionar con cuatro mientras no sea más de dos veces por semana).

Parece de locos hacer este tipo de cálculos durante la noche, pero uno de mis principales problemas con el sueño es el miedo a no dormir lo suficiente, a despertarme y no conseguir dormirme otra vez. Saber esto me ha ayudado a deshacerme de ese miedo.

El sueño es tu amigo. La ciencia es totalmente clara al respecto. Dormir bien reduce el estrés, aumenta la cognitividad, refuerza el sistema inmune, ayuda a estar animado, mejora la concentración, refuerza la memoria, reduce el riesgo de diabetes y ayuda a mejorar tus relaciones personales.

Duerme bien. Al día siguiente, tus presentaciones te saldrán mejor. Dormir es un elemento clave para la salud de nuestro cerebro, para la claridad mental y, por tanto, para tu rendimiento.

Hacer ejercicio

A lo largo de todo el libro he alabado las virtudes de hacer ejercicio para poder pensar mejor y con mayor agudeza. Está claro que también conlleva importantes beneficios físicos. No voy a describirlos todos aquí pero, si quieres un corazón, un cuerpo y un cerebro más sanos, entonces tienes que moverte más.

Comida

Come menos cosas de las que te hacen daño. Daño a ti, al planeta y a los animales. No es que esté predicando el veganismo, ni diciéndote que dejes de comer dulces, o comida con un gran impacto medioambiental; estoy predicando la moderación. Eres lo que comes, así que come mejores cosas.

Salud mental

Todos sufrimos en ocasiones. Nos ponemos un poco melancólicos. Nos estresamos. Algunos más que otros. La clave aquí es hablar de ello. Tener suficiente gente alrededor que se preocupe por ti y hablar con ellos. Pero recuerda estar ahí cuando ellos quieran hablar contigo. Es una calle de doble sentido.

4. CONOCER TUS CREENCIAS LIMITANTES

Me atrevería a decir que esta parte del libro os ha llegado a algunos de vosotros bastante adentro. Tal vez algunos de vosotros seáis conscientes de ellas por primera vez. No es para preocuparte. Todos las tenemos. Y me refiero a todos. Oigo cosas como «Yo no soy ese tipo de persona» (sí, pero podrías serlo); «no puedo presentar como tú» (no, pero puedes presentar como *tú*); «simplemente no soy así de creativo» (sí, lo eres). Es algo que oigo constantemente. En cada una de mis sesiones. Como dijo Henry Ford, la verdad es:

«*TANTO SI PIENSAS QUE PUEDES COMO SI NO, TIENES RAZÓN.*»

Solo piensa en ello: ¿por qué establecer tus propias barreras? El mundo está deseando hacerlo por nosotros, encantado de categorizarnos. ¿Por qué facilitárselo? Entender el tipo de pensamiento subyacente en nuestras creencias limitantes es importante. Básicamente, tus creencias limitantes están ahí para protegerte, para mantenerte a salvo. Pero en algún momento se quedan más tiempo de la cuenta y entonces solo sirven para empequeñecerte. Ahondar en quién te las trasladó (podrías ser tú mismo, por supuesto) es tentador. No pierdas en ello más tiempo de la cuenta. Averígualo, agradéceselo, deséales lo mejor, y a otra cosa.

5. DI SÍ MÁS A MENUDO

Tanto a presentaciones, por supuesto, como a muchas cosas en la vida. Sal ahí fuera. La única forma de mejorar tus presentaciones es presentar más a menudo. La única forma de acostumbrarse a hablar en público es hacerlo más a menudo. La única forma de que se oiga tu voz es usarla más a menudo.

6. DISFRUTA DE LAS COSAS

La felicidad es una elección. Una vez tuve un socio que no era feliz. Siempre veía lo negativo, siempre estaba triste. Intenté hacerlo más feliz. Pero entonces me di cuenta de que era feliz siendo infeliz. Era su papel y le encantaba. Estaba bien. Bueno, él lo encontraba satisfactorio, yo no tanto. Estar con alguien que disfruta en ese papel, a quien le gusta tanto que acaba convirtiéndose en él, es realmente duro.

Cada mañana, cuando te levantas, tienes dos opciones: ¿cómo saludarás hoy al día? ¿Lo harás con una sonrisa o con mala cara? Claro, pasarán cosas que te harán fruncir el entrecejo o sonreír, pero si te acostumbras a sonreír, apuesto que tendrás un mejor día. Tengo un mantra que robé a mi amiga Anna de California. Y dice:

DE GRUÑÓN A AGRADECIDO

Si algo me pone de mal humor o no sale como me hubiera gustado, intento encontrar el lado positivo de la situación. Intento pasar de refunfuñar a estar agradecido. Si no encuentro nada positivo en la situación, entonces pienso de manera más general sobre mi vida y las cosas por las que estoy agradecido.

No todo es de color de rosa, pero comenzar por ver lo bueno de las cosas te lleva más lejos que comenzar por lo malo.

7. ERES HERMOSO

Lo eres. De verdad. Contra todo pronóstico, naciste. Sobreviviste al colegio. Sobreviviste a la adolescencia. Te despiertas cada mañana y respiras. Con un poco de suerte, hasta eres capaz de sentir la electricidad cuando tomas la mano de las personas que quieres. Escribo esto con cincuenta y un años. He pasado demasiado tiempo preocupándome por cosas que nunca ocurrieron, por personas a las que no caía bien, pero que no eran importantes. Eres hermoso.

8. ESTO NO ES UNA ACTUACIÓN

Pero es una *performance*. No solo tu charla, sino la vida. Baila como lo hacías con dieciocho años. Canta como lo hacías cuando tenías ocho. Ama como si fueran tus últimos días. Corre como el viento.

Tuve la suerte, al fin, de poder hablar en la genial *The Good Life Experience* una semana después de cumplir cincuenta años. La charla se llamaba «La bondad es una ventaja competitiva». Fue muy emocional. La noche anterior me había enterado de que iba a ser abuelo. La charla estuvo cargada de emoción. A ella asistieron, apretujadas, muchas más personas que a cualquiera de mis charlas anteriores. Yo intentaba contener las oleadas de emoción que me invadían. Mi charla fue muy buena (no es ego, es saber cuándo estás en tu mejor momento). Para ella recopilé 25 cosas que había aprendido en mis 50 años de vida. Las reproduzco aquí, pues algunas valen la pena.

1. **Sé amable. Ya hay suficientes idiotas en el mundo. El Equipo Idiotas no necesita otro miembro más.**

2. **Eres lo suficientemente bueno. No eres ni demasiado gordo, ni demasiado viejo, ni estás demasiado cansado, ni llegas demasiado tarde. Solo la última importa. No llegues tarde.**

3. **Cuando cambies, habrá personas a las que no les guste. Algunas intentarán desautorizarte, otras te criticarán, otras desaparecerán. Esto no tiene que ver contigo. Tiene que ver con ellos y con sus miedos.**

4. **Cuando te sientes seguro de ti mismo te ves increíble.**

5. **Estar quieto es tan importante como moverse.**

6. **Escuchar es tan importante como hablar.**

7. **No te limites a hablar de ello, hazlo.**

8. **No te tomes demasiado en serio los elogios; mantén la humildad.**

9. **Date un chapuzón en agua fría con regularidad.**

10. **Suda con regularidad.**

11. **Todo el mundo sufre el síndrome del impostor.**

12. **Ama con todo tu corazón.**

13. **El dinero importa: tener poco complica las cosas, pero tener demasiado también.**

14. **Si llegas a un acuerdo con alguien, cúmplelo, o no volverán a acordar nada contigo nunca más.**

15. **Duerme bien.**

16. **Come menos cosas dañinas.**

17. **El yoga es mágico.**

18. **El amor es tu amigo pero, si lo persigues, se volverá tan huidizo como el final de un arcoíris.**

19. **Si piensas en ello, entonces es más probable que suceda.**

20. **Todo el mundo es creativo.**

21. **El éxito da tanto miedo como el fracaso.**

22. **Eres como la media de las personas que frecuentas.**

23. **La salud y las oportunidades no se pueden reciclar, no las malgastes.**

24. **Estar asustado es la peor razón para no hacer algo.**

25. **Cree en algo más grande que tú.**

26. **El poder conlleva responsabilidad.**

27. **Sonríe, es gratis.**

28. **Baila más.**

De acuerdo, he mentido. Son 28.

TODOS TENEMOS UNA VOZ TODOS TENEMOS UNA HISTORIA QUE CONTAR. VE Y CUENTA LA TUYA, PUES NADIE MÁS LA CONTARÁ POR TI.

EPÍLOGO

Este libro salió a la luz en la primavera de 2020, momento en que fuimos golpeados por una pandemia global y se cancelaron todos los eventos alrededor del mundo. Fue un momento aterrador para alguien que, como yo, obtenía la mayor parte de sus ingresos haciendo presentaciones y brindando talleres presenciales. También fue un mal momento para lanzar un libro sobre hablar en público. A pesar de eso, el libro se sostuvo por sí mismo y gradualmente las cosas se pusieron en movimiento.

La plataforma más popular fue Zoom, así como Microsoft Teams, Webex y GoTo. Todas presentan los mismos desafíos: cómo parecer humano a través de una tecnología que elimina la personalidad, aplana el tono de voz y hace que las sonrisas y la gesticulación facial sean más difíciles de leer. Estas plataformas no estaban destinadas para presentaciones completas y conferencias. Fueron diseñadas para eventos de grupo y algunas personas las han utilizado realmente bien. Un gran ejemplo es el del autor de un Do Book James Sills y su iniciativa Sofa Singers. Hay una serie de desafíos que surgen de la tecnología, pero, en general, mejora nuestras vidas y estas herramientas y plataformas son ahora una parte esencial de la mayoría de los negocios.

Este epílogo ofrece algunos consejos simples que puedes aplicar cuando haces presentaciones en línea.

ZOOM ES TU HABITACIÓN

La gente te verá y verá tu entorno. No importa cómo vivas, ni cómo sea tu despacho, asegúrate de que vean lo que tú quieres que vean. Por ejemplo, mi estudio está en el jardín. No hace falta que sepan que también utilizo ese espacio para hacer deporte. Preparo el portátil o la cámara en consecuencia. Puede ser un poco molesto, pero cinco minutos para preparar el espacio es tiempo bien invertido. Es importante pensar en el dispositivo que se va a utilizar. Un portátil rara vez ofrece el ángulo más favorecedor. Suele estar demasiado bajo y hace que tu barbilla parezca, bueno, barbilla. Muy sencillo: apoya el portátil sobre unos libros o utiliza un soporte para portátiles. Si utilizas una tableta o un teléfono con soporte, asegúrate de que esté bien ajustado. Una vez empecé una sesión de qigong en directo y mi iPad se inclinó lentamente hacia delante hasta que lo único que se veían eran mis pies, que están bien, pero no son para transmitir.

¿DE PIE O SENTADO?

¿Cómo quieres presentar? ¿Cómo te sientes más cómodo? Yo prefiero estar de pie que sentado. Me muevo y utilizo ese movimiento para transmitir energía, entusiasmo y pasión. Es importante que se me vea entero y aproximadamente un metro a cada lado. Así que dedica tiempo a crear tu encuadre.

PREGUNTAS

En todas las plataformas se pueden hacer preguntas. Verlas llegar puede ser una distracción e interrumpir tu flujo. En la medida de lo posible, encárgale a otra persona que las revise, tal vez uno de los organizadores o alguien que trabaje contigo. Pídele que seleccione las mejores. También puedes arrastrar las preguntas y el cuadro de comentarios a una pantalla aparte. Así no estorbarán hasta que los necesites.

COMPROMISO

El compromiso es una de las cosas más difíciles de conseguir virtualmente. En persona puedes sentir el carisma de alguien, su magnetismo, su confianza. A través de una pantalla, estas cosas pueden malinterpretarse como arrogancia. Recuerda que tienes que ser tú mismo, no otra persona. Pero más que nunca tienes que ser una versión más grande de ti mismo. Esto no significa ser descarado o tener un exceso de confianza, solo ser un poco más vivaz de lo normal. Pero no exageres. Buscamos un 10 % más de ti, no un 100 %. La comunicación es mucho más difícil cuando se presenta de esta manera, así que recuerda sonreír, escuchar y mantener el interés. Si normalmente haces preguntas durante tus presentaciones, puedes seguir haciéndolas, pero si hay un público de tamaño decente, piensa detenidamente en la forma de formularlas. Lo que realmente necesitas son respuestas de sí/no o pulgares arriba / pulgares abajo.

SONIDO

Una presentación sin imagen es mejor que una sin sonido. Ayuda a tu público. Acércate al micrófono, conecta uno externo o utiliza auriculares para mejorar la calidad del sonido. Activa las opciones de «sonido natural» y desactiva el sonido modulado. La modulación del sonido distorsiona la voz como el primer *autotune* de las canciones pop. Acuérdate de silenciar el micrófono de todo el mundo excepto el de la persona que gestiona el chat y el tuyo. Apaga las notificaciones de tu correo electrónico. De hecho, ve a lo seguro y cierra todos los programas que no estás utilizando.

RESPIRACIÓN

Aquí es tan importante pensar en la respiración como cuando estás en el escenario. Siéntate recto o ponte de pie. Cuando estás sentado, tiendes a encorvarte un poco, lo que limita tu capacidad pulmonar y la cantidad de aire que inspiras. Al hablar, hay una mayor tendencia a respirar por la boca, lo que a menudo puede provocar una inhalación excesiva de oxígeno. He tenido que esforzarme mucho para respirar más despacio, por la nariz. Esto no solo suena mejor, sino que también tiene el efecto de reducir nuestro ritmo cardíaco y, a su vez, el pánico y la ansiedad.

COMPROBACIONES FINALES

Tu habitación luce genial, te colocas en posición y enciendes la cámara para darte cuenta de que te has olvidado de peinarte... Estás a punto de aparecer en pantalla. Dedica un par de minutos a asegurarte de que estás presentable. Puede parecer obvio, pero asegúrate de que has entrado en la plataforma, sala o código correctos. Lo último que quieres es estar sentado en la sala de espera equivocada cuando todo el mundo está en Zoom. Por último, ¿cómo te recordará la gente? ¿Qué puedes dejarles que les ayude a entender mejor tus ideas? Tienes la oportunidad de compartir con ellos algo tangible a través de un enlace en el *chat*. Aunque no hay nada mejor que las experiencias cara a cara, a veces el viaje, el tiempo o el coste se interponen. Seguiremos asistiendo a eventos virtuales y presentaciones en línea. Las conferencias digitales seguirán creciendo y, aunque las lecciones principales de este libro siguen siendo válidas, merece la pena tener en cuenta los elementos adicionales de este capítulo para ayudarte a volar.

APÉNDICE

LISTA DE VALORES

Conocer la causa que defiendes es difícil, pero, si no tienes una, cualquier cosa te hará caer. Comienza con estos valores, rasgos y temas. Elije diez. Después selecciona los ocho que más te representan. Luego redúcelos a tres. Así es como comienzas a descubrir tu propia causa.

Confianza

Innovación

Emocionante

Añadir valor

Dinero

Libertad

Ayudar a las personas

Empatía

Emocionar a las personas

Aprender

Innovador

Dar

Feliz

En busca de cambios

Abierto

Resolución de problemas

Creatividad

Familiar

Comunicación

Participación

Gratificante

Finalización

Éxito

Atención

Agradecimiento

Espíritu luchador

Realización

Compartir

Bienestar

Salud

Pasión

Diversión

Cerebral

Desafío

Flexibilidad

Nuevas direcciones

Ir más allá

Energizado

Respeto

Entusiasmado por los demás

Apoyo

Amor

Incansable

Contribución

Hacer el bien

Fuera de la zona de confort

Libertad

Democracia

Moral

Control

Seguridad

Marcando la diferencia

Energizante

Nutritivo

Hambre

Curiosidad

PLANTILLAS PARA *STORYBOARDS*

Planifica tu presentación usando estas plantillas. Coloca en cada casilla una palabra o una foto que resuma un segmento de la charla. Son tus historias. Las conoces.

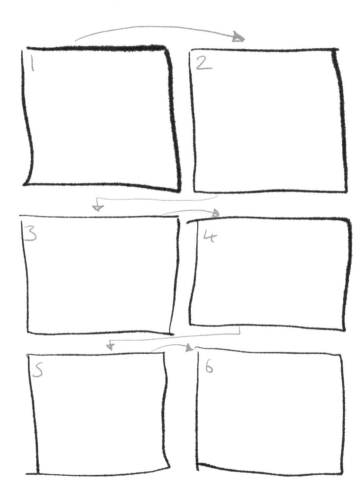

Así solo te hace falta recordar seis cosas en lugar de todo. Si prefieres un enfoque más orgánico, usa estas plantillas circulares.

Cualquier orden, cualquier dirección.

SOBRE EL AUTOR

Mark Shayler es uno de los oradores británicos más carismáticos. Se ha labrado un nombre por su rapidez mental y por su capacidad para conectar con una audiencia internacional. Ha hablado ante algunas de las organizaciones más importantes del mundo. Cuando no está sobre el escenario, Mark dirige Ape, una consultora de innovación y sostenibilidad. Ayuda a las grandes empresas a pensar en pequeño y a las pequeñas a pensar en grande. Ha trabajado para compañías como Amazon, Samsung, Coca-Cola, Unilever y John Lewis. Es socio fundador de las Do Lectures y autor de *Do Disrupt: Change the status quo. Or become it* (Do Books, 2013).

AGRADECIMIENTOS

Un enorme agradecimiento a David y Clare Hieatt por crear las Do Lectures e invitarme a lanzar el taller que se convertiría en *Do Present* y, ahora, en un libro. Gracias por ayudarme a ayudar a otros a encontrar su voz. Gracias también a Miranda West por su buen ojo cuando decidió lanzar la editorial Do Book Company, y por confiarme uno de los primeros libros en 2013 (*Do Disrupt*) y ahora este. Gracias, de hecho, a todo el equipo de Do Books. Mientras deambulas por la vida te encuentras con maestros increíbles. He tenido la suerte de conseguir atraer a grandes talentos para que me enseñaran. Sin nigún orden en particular, gracias a: Mr. Spencer, Doug Jeffries, Nigel Copperthwaite, Dai Larner, The Stone Roses, Tom Dolman, Public Enemy, Keith Warren, Steve Manifold, Guy Shayler, Andy Middleton, Charlie Gladstone, James Victore, Nicola Shayler, Nick Drake, Gil Scott Heron, Mr. Ralf, el difunto John Roberts.

Tengo la enorme suerte de seguir viendo a mis compañeros de escuela con regularidad. Conozco a algunos de ellos desde que tenía seis años. Así que gracias a los Purple Y-Fronts (Keith, Allan, Marc, Bert, Jon y Neil), Stuart Jordan y Gary Teb.

Cuando tenía unos cuarenta y tres años, decidí hacer algo bastante aterrador. Asistir a un fin de semana organizado por el Mankind Project en el Reino Unido. Creo que se llamaba Entrenamiento de Nuevos Guerreros. Fue duro.

Estaba muerto de miedo. Temía que acabaría inventándome una excusa para no ir, así que quedé en recoger a varios hombres más en determinadas estaciones de tren de camino al lugar. Fue una decisión inteligente. El primer hombre al que conocí en la estación de tren fue Waqar Siraj. Una bella alma y uno de mis mejores amigos hasta el día de hoy. *Aho*, hermano.

Luego está mi familia. Todos mis abuelos fueron geniales, y todos están muertos, pero les agradezco mis genes, particularmente los que todavía me permiten marcar un gol de drop a cuarenta metros de distancia. Los míos fueron, y siguen siendo, grandes padres. Amables, generosos, firmes, comprensivos, orgullosos, cariñosos. Saber criar consiste en aprender conforme avanzas, pero que parezca que tienes un plan. Mi hermano Guy significa más para mí de lo que él cree. Gracias, hermano.

Luego está el equipo Shayler. Conocí a mi esposa, Nic, en la parte trasera de un club nocturno bastante ordinario detrás de un pub en un pueblo llamado Hinckley. La había visto una o dos veces y ya estaba completamente enamorado, pero nunca habíamos hablado. Pensaba que estaba en otra liga. Pero a través del hielo seco, de las nubes de perfume barato mezclado con el olor a gomina, testosterona y crema para las espinillas, supe que ella era la indicada. Esa noche sacó de su taburete de un codazo a la chica con la que yo estaba charlando, ocupó su lugar y nos pusimos a hablar. Fue todo romance y cartas. Besos y ansia. Amor y sexo. Matrimonio y universidad. Amigos y vino. Bebés y alegría. Bebés y bebés. Y luego el cuarto bebé. Mis cuatro hijos son simplemente asombrosos y me enseñan más de lo que yo podría enseñarles a ellos.

Todos vosotros sois personas extraordinarias. Gracias.

Libros en esta colección

Pausa
Robert Poynton

Storytelling
Bobette Buster

Diseña
Alan Moore

Respira
Michael Townsend Williams

Tierra
Tamsin Omond

Vuela
Gavin Strange

Propósito
David Hieatt

Construye valor
Alan Moore

Camina
Libby DeLana

Improvisa
Robert Poynton

Encuentra tu voz
Mark Shayler